Comment raconter, e
ce qui relève de la croyance
tout simplement, échappe à nos sens.
L'invisible, l'imperceptible à l'œil nu. La question
se pose dans ce numéro d'été, qui espère vous
faire voyager. Ce sont d'abord les réactions des femmes
de ménage qui ont mis la puce à l'oreille du journaliste
Pierre Carrey : elles refusent de travailler devant certaines
œuvres du musée du Quai Branly. Les statuettes seraient-elles
hantées ? Passées au scanner, désacralisées lors de cérémonies,
cachées au sous-sol, elles provoquent en tout cas des réactions
bien particulières. Les chasseurs de trésors, eux, craignent les djinns, en
Turquie, et peut-être plus encore en cette période électorale. Ils n'y croient
pas, mais sait-on jamais. Il faut dire qu'ils pillent des tombes arméniennes,
dans l'espoir de faire fortune. Miroir aux alouettes, ou retour du refoulé ?
Comme en Irak, où doivent vivre cloîtrés les enfants d'anciens membres de
Daech, et pour la reconnaissance desquels les mères se battent aujourd'hui.
En France, à l'Assemblée nationale, les invisibles, ce sont les gardes, les
fleuristes ou encore les cuisiniers, qui ne témoignent jamais.
Ils ont accepté – une première – d'être suivis par Kokopello, en BD, et racontent
un espace clos soumis à l'accélération du temps législatif, de plus en plus
malmené. Dans d'autres enceintes, celles de parcs naturels, en Afrique,
c'est une nature sauvage pour chasseurs occidentaux et grandes entreprises
qui est préservée à coup d'interdictions, au détriment des populations vivant
sur place, et sous couvert de protection de la biodiversité. Il semble
qu'aujourd'hui, l'invisible se fasse très géopolitique.

Elsa Fayner, rédactrice en chef de *XXI*

Sommaire

6 — **COURRIER DES LECTEURS**
8 — **COURRIER DES CONTRIBUTEURS**
16 — **SUR LA ROUTE**
18 — **TRAVAIL AU CORPS**

12
LES MINIATURES
QUATRE PORTRAITS INSTANTANÉS À PICORER.

20
Nombres et lumières
ARIANE MÉZARD EST UNE GRANDE MATHÉMATICIENNE DISCRÈTE. QUE DIABLE ALLAIT-ELLE FAIRE SUR LE TOURNAGE DU *THÉORÈME DE MARGUERITE* ?
32 — RENCONTRE AVEC JEAN-PIERRE DARROUSSIN

38
EN COUVERTURE
Le fantôme du Quai Branly
DES STATUES VIVANTES, ÇA N'EXISTE PAS. VRAIMENT ? L'OUTRE-MONDE TAQUINE POURTANT MÊME LES PLUS CARTÉSIENS.

58
Les trous de la fortune
EN TURQUIE, PILLER DES TOMBES EST UN SPORT NATIONAL, BIEN QU'ILLÉGAL, SUR FOND DE TABOU AUTOUR DU GÉNOCIDE ARMÉNIEN.

72
PORTFOLIO
La plume reprend du poids
DU DOS DE L'AUTRUCHE SUD-AFRICAINE AUX CABARETS OCCIDENTAUX.

Page 20

Page 38

88
Les grands horlogers
ŒUVRE MENACÉE PAR FIENTES DE PIGEON EN VOIE DE RÉSURRECTION.

98
LA VOIX EST LIBRE
« J'ai appris que la malice humaine n'avait aucune limite »
SOULEIMAN EST VIGILE, EN BOÎTE COMME POUR LES VIP. ZEN ET MUSIQUE CLASSIQUE.

106
Djihadistes, leurs enfants après eux
À MOSSOUL, SAJA SE BAT POUR FAIRE EXISTER SA FILLE, DONT LE PÈRE FUT SOLDAT DE DAECH.

120
En vert et contre tous
LE DÉSERT AVANCE. SEULE UNE OASIS RÉSISTE, PROUVANT QU'UNE ALTERNATIVE EXISTE.

132
BANDE DESSINÉE
Ça bourdonne au Palais
KOKOPELLO S'EST FAUFILÉ DANS LES COULISSES DE L'ASSEMBLÉE NATIONALE.

156
RENCONTRE
« Au nom de l'écologie, les experts occidentaux décident »
GUILLAUME BLANC DÉNONCE LE SOUS-TEXTE POSTCOLONIAL DE LA PROTECTION DE LA NATURE EN AFRIQUE.

168 — **BONNES FEUILLES**
172 — **CONTRIBUTEURS**
174 — **LA VIE DE XXI**
176 — **HORS-D'ŒUVRE**
178 — **VIEILLES BRANCHES**

Page 98

Page 106

COURRIER DES LECTEURS

POUR LES 15 ANS DE *XXI*, NOUS VOUS AVONS DEMANDÉ DE RACONTER UN SOUVENIR LIÉ À LA REVUE. ENGAGEMENTS, VOYAGES, DÉCONVENUES, SURPRISES… VOICI QUELQUES-UNS DES TÉMOIGNAGES REÇUS. MERCI !

RUBRIQUE COORDONNÉE PAR LÉONE LAALI ET RÉMI BAYOL

Audace

Je suis tombée sur l'un de vos numéros à la bibliothèque de ma fac. À l'époque, j'hésitais sur mon orientation : journalisme ou traduction. C'est en lisant l'édito, qui parlait de la nouvelle génération de journalistes, que j'ai trouvé le courage de suivre cette voie. Quelques années plus tard, ma carte de presse en poche, je suis retombée sur ce même numéro dans les étagères d'une librairie d'occasion. Je ne me souvenais ni de sa couverture ni de son année de publication. J'ai tout simplement vu une pile de vos revues et ouvert la première… et il était là ! L'édito du courage.

Flavia Dias

Lanceuse d'alerte

« Lire, c'est boire et manger. L'esprit qui ne lit pas maigrit comme le corps qui ne mange pas », Victor Hugo. Tout au long de la lecture de chaque numéro de *XXI*, je prends en note les références des livres conseillés à la fin des sujets, pour pouvoir ensuite en passer la commande. J'ai par exemple lu *Rescapée du goulag chinois* (de Gulbahar Haitiwaji et Rozenn Morgat), un livre recommandé suite au récit photo « Huis clos ouïghour » (de Patrick Wack, dans le n° 54). Ce reportage m'a permis d'en apprendre davantage sur le sort réservé aux Ouïghours par les autorités chinoises, sur le génocide culturel dont ils sont victimes dans l'indifférence de la communauté internationale, et sur les tortures psychologiques et physiques visant à les anéantir. En partageant ces informations avec des collègues – je travaille aux services vétérinaires de mon département –, j'ai tenté de les sensibiliser à ce drame dont les médias se font si peu l'écho.

Aude Raffestin

En eaux troubles

J'ai découvert *XXI* par hasard il y a quelques années chez une amie. À cette période, je cherchais un sujet de mémoire de master 2 de droit. Je suis tombée sur l'article « Main basse sur les Seychelles » (d'Erwan Seznec, dans le n° 48). Ce récit m'a tant intéressée – notamment pour les questions de droit international public qu'il soulevait – que j'ai proposé à mon directeur de mémoire de travailler sur les ONG agissant dans les espaces maritimes sous juridiction nationale. Je suis aujourd'hui doctorante et continue de travailler sur ce sujet. J'utilise par ailleurs régulièrement des articles de *XXI* pour illustrer les travaux dirigés de droit international public que je dispense aux étudiants !

Camille Michel

Chambre d'écho

C'est un collègue de travail qui m'a transmis un numéro de *XXI*, il y a plus de dix ans. J'ai été immédiatement séduit. Notamment par le fait que cette revue peut se prêter, se transmettre. Depuis que j'y suis abonné, mes enfants me l'empruntent régulièrement. Pendant leurs études, ils l'emportaient également souvent pour l'échanger avec des camarades. Étant moi-même avocat, j'ai été marqué par le récit « Au bout de la défense » (de Jean-Yves Moyart, dans le n° 17), qui décrivait le combat acharné d'un confrère pour démontrer l'innocence de son client. Le texte est haletant jusqu'au bout, et la fin inattendue. Il racontait la souffrance endurée par les avocats, qui les marque, même après l'audience. Ce propos fait écho à un autre témoignage que j'avais lu, celui de notre ministre de la Justice, Éric Dupond-Moretti qui, dans un livre, décrivait les états seconds dans lesquels il se retrouvait parfois après les audiences, et les problèmes d'addictions qui pouvaient poindre dans ces moments aussi. Continuez dans cette voie, nous attendons impatiemment le prochain numéro.

Alain Lasbarreres Candau

Merci pour ce moment

Je suis professeur de lettres dans un collège de Pont-de-Roide, à côté de Besançon dans le Doubs, et abonné quasiment depuis le premier numéro. Avec mes élèves et un collègue documentaliste, nous étudions chaque année un article de *XXI*. Je m'en sers pour les faire travailler sur l'écriture. Par exemple, je leur avais fait lire « Mon camion dans la tête » (d'Alain Lewkowicz dans le n°19). Ils ont ensuite dû écrire une journée imaginaire de cette routière qui parcourt l'Europe. Ça marche très bien avec les élèves : ils sont intéressés par ces histoires de leur époque. C'est aussi souvent l'occasion d'échanger sur la société, sur les vies de personnes qu'on ne croise pas dans notre quotidien.

Et puis, un jour, j'ai lu dans votre revue l'adaptation du documentaire *La Rançon*, de Rémi Lainé (dans le n°45). L'histoire était assez folle. C'était à propos de personnes au Venezuela qui se faisaient enlever, parfois trois ou quatre fois dans l'année, pour être échangées contre des rançons. J'en ai parlé à mon collègue documentaliste. Surprise : Rémi Lainé était l'un de ses amis d'enfance. Il l'a contacté, et nous avons organisé une rencontre avec mes élèves de 4e. Le documentariste est venu échanger sur son travail, ses voyages, ses projets… Les élèves étaient captivés par cette histoire de rançons. C'était un moment génial. Grâce à *XXI*, des élèves d'un collège de campagne, perdu au fond du Doubs, ont passé un moment merveilleux. Et – qui sait ? – l'un d'entre eux vous proposera-t-il un jour un sujet de reportage.

Michael Uras

COURRIER DES CONTRIBUTEURS

LA RÉALISATION D'UN ARTICLE OU D'UN DESSIN POUR *XXI* A-T-ELLE PROVOQUÉ DES SITUATIONS INATTENDUES, DES RENCONTRES, DES PÉRIPÉTIES ? POUR LES 15 ANS DE LA REVUE, CELLES ET CEUX QUI LA FONT RACONTENT, EUX AUSSI, LEURS SOUVENIRS.

Des vies parallèles

DOAN BUI, JOURNALISTE

APRÈS LA PUBLICATION DE SON REPORTAGE SUR LES TRACES DE SES ANCÊTRES, LA JOURNALISTE DÉCOUVRE UN PAN DE L'HISTOIRE PATERNELLE POUR LE MOINS INATTENDU.

N° 28 « *Suite à l'article dans XXI* ». Dans mon flot de messages, je l'ai tout de suite vu, perdu parmi les communiqués de presse et les spams. Je me suis réjouie : une réaction de lecteur ! L'article paru dans *XXI* en cet automne 2014, je l'avais écrit avec des sentiments particuliers. J'étais retournée pour la première fois au Viêtnam, dans le village de mes ancêtres où tout le monde portait mon nom, Bui, pour tirer les fils d'une histoire dont je ne connaissais rien. Mon père, arrivé en France en 1961 pour ses études, n'avait jamais pu rentrer dans son pays à cause de la chute de Saïgon en avril 1975. Il n'en parlait jamais. Et puis en 2005, un AVC l'avait rendu aphasique. Il était trop tard pour poser des questions.

J'ai mis du temps à me lancer dans cette enquête sur mes origines, écrasée par le poids du silence. La commande de *XXI* m'a mise au pied du mur. Lors de mon périple, j'ai ainsi appris, médusée, que mon grand-père avait rejoint après 1945 le maquis viêt-minh et tous ces combattants qui se battaient pour l'indépendance, contre la colonisation française. Le maquis : c'était donc cette fameuse « jungle » où avait vécu mon père. Avec mes trois sœurs et mon frère, nous ne connaissions rien de son enfance, excepté ce décor d'aventures. Invoqué par ma mère quand on ne voulait pas finir nos épinards : « Votre père, dans la jungle, il devait manger des insectes ! »

Zones d'ombre

La famille de mon père avait pourtant fui en 1954 dans le Sud, comme 1 million de Vietnamiens du Nord, pour échapper au régime communiste. Le pays serait alors séparé en deux, comme la Corée. Dans les années 1950, l'influence du PC chinois et de Mao Zedong avait entraîné le Viêt-minh dans une radicalisation idéologique. Dans les campagnes, on faisait la chasse aux « *capitalistes bourgeois* ». Mon grand-père avait donc dès 1952 fui le maquis, puis rejoint les anti-communistes.

Le secret avait été bien gardé : ma mère, sud-vietnamienne, n'avait rien su de ces années de résistance en quarante ans de mariage. Comme beaucoup de Vietnamiens de la diaspora, elle abhorrait « *les communistes du Nord* » : sa famille, riche, avait des plantations d'hévéas, passées aux mains de « *l'ennemi* ». Aujourd'hui encore, certains restent fidèles au drapeau sud-vietnamien, et refusent de revenir au pays tant qu'il sera communiste.

C'est cette découverte que je racontais dans *XXI*, en 2014, alors qu'on fêtait les 60 ans de Diên Biên Phu. Je n'avais pas levé toutes les zones d'ombres. J'aurais par exemple voulu en savoir plus sur Fort-Bayard – que je confondais jadis avec le jeu télévisé –, cette mystérieuse colonie française en Chine, où mon père était né en 1942. Un décor de roman, là aussi. La plaque tournante du trafic d'opium, organisé par la France coloniale. Mais également une

Retour au Viêtnam

Quand il était petit, mon père habitait rue Hàng Bún, la « ruelle du vermicelle », dans le vieux quartier de Hanoï. J'y cherche les vendeurs de vermicelles jonglant avec les longues pâtes de riz, un fast-food les a remplacés. Mon père a toujours voulu rentrer « à la maison ». Je suis partie combler ses silences.

Par Doan Bui

HANOÏ, HÔ CHI MINH-VILLE – VIÊTNAM

M on père a été victime d'un accident vasculaire cérébral en septembre 2005. Il en est sorti paralysé du côté droit. La partie de son cerveau qui commande la parole a également été lésée, il est devenu aphasique. Je me souviens de sa sortie du coma, incrédule, il réalisait qu'une partie de son corps ne bougeait plus, mais surtout qu'il était condamné au silence. Dans sa bouche se bousculaient des sons désordonnés. « A, A, A, I, I, I, O », disait-il. Ou aurait dit le poème de Rimbaud : « A noir, I rouge, U vert, O bleu : voyelles. » Ces « A, E, I » voulaient exprimer tant de choses mais les sons s'allaient nulle part, ils étaient comme une barrière contre laquelle il butait, sans cesse. Il s'énervait. On ne savait que répondre à toutes ces voyelles. Il soupirait, l'impatientait. Refaisait sortir A et un O. Nous ne comprenions pas plus. C'est comme s'il était parti dans une contrée lointaine, un dialecte exotique. Nous avons pensé qu'il réapprendrait à parler, comme on apprivoise une langue étrangère. Le temps a passé, mon père n'a pas réappris à parler.

ILLUSTRATIONS : ANNABELLE BUXTON

zone où s'étaient retrouvés des rebelles indépendantistes vietnamiens. L'e-mail venait peut-être d'un historien ou d'un connaisseur de la période ?

« *Bonjour Doan. Hier soir, ma compagne m'a demandé de m'asseoir pour lire la revue XXI, dont elle est une lectrice assidue. Elle était bouleversée d'avoir ainsi découvert des bribes du passé du grand-père de l'enfant qu'elle porte.* »

J'ai dû relire. J'entendais mon pouls résonner dans mes oreilles, très fort. Je ne comprenais rien. De quoi parlait donc ce lecteur qui m'appelait « Doan », comme s'il me connaissait ? J'ai repris. « *Là, dans l'article, la vie de mon père. J'en ai lu quelques lignes, mais je n'ai pu aller plus loin. D'un coup, une part de ma vie devenait publique. Une vie où tellement avait été caché ou dénié. Ces secrets doivent-ils perdurer ? Je ne veux pas reproduire le silence, fatal, de mon père [...], notre père [...], ce silence qui ne dure pas depuis 2005, date de son AVC et de la naissance de mon fils aîné, mais depuis 1973, date de ma naissance [...]. Thomas (Phan Hung).* »

Notre père ? C'est insensé. Mes parents se sont mariés en 1973, je suis née en octobre 1974. Si je comprenais bien, « Thomas » était donc mon demi-frère… Tout à coup, un souvenir m'est revenu. Hiver 2010, je suis aux Archives nationales à Fontainebleau, avec mon amie et collègue Isabelle Monnin. Nous pistons les dossiers de naturalisation de ceux qui font la fierté de notre pays – Gainsbourg, Chagall, Aznavour, Gary… Dans le flot de documents, je tombe sur le dossier de mon père. Il y a là une cinquantaine de feuilles avec le fameux questionnaire interrogeant sur « *la conduite, la moralité, le loyalisme* » du « *postulant* ». Et puis il y a des enquêtes de voisinage, des rapports de police, comme dans les films. Enfin, ce document jauni où il est écrit : « *Le postulant habite dans un appartement au-dessus du cinéma Les Noctambules avec une dénommée*

XXI, LE PODCAST

Ecoutez Doan Bui au micro de Pascale Clark.

Submergé de sollicitations

OLIVIER BERTRAND, JOURNALISTE

N° 53 En janvier 2021, j'ai écrit un long récit sur le « Château en santé », un centre de santé communautaire situé au cœur des quartiers nord de Marseille. L'article racontait la manière dont les soignants sur place prenaient en compte la santé et les symptômes des patients, mais aussi tout ce qui rend malade : le logement, les violences, le travail, les transports… J'ai raconté cette aventure et l'article a fait la couverture du numéro 53 de *XXI*. Dans les mois qui ont suivi, le centre de santé a été submergé de sollicitations. Des curieux voulaient visiter, des étudiants en médecine et des travailleurs sociaux leur demandaient s'ils avaient besoin de renforts. Des jeunes soignants voulaient même des renseignements pour ouvrir, à leur tour, des centres similaires. Débordé, le gestionnaire du centre m'a dit : « *Je te préviens, la prochaine fois que tu fais un article sur nous, c'est toi qui répondras aux e-mails.* »

Marie-Noëlle G., avec leur petit garçon. » Je rigole. Quel baltringue, ce policier ! Lors de notre enquête, nous avons en effet détecté de nombreuses erreurs. Mais là, c'est le pompon. Mon père, un enfant avec une Française ? Lui qui, jadis, insistait pour m'apparier avec des Vietnamiens (en vain) ? Ridicule.

L'écrivaine Marie Nimier écrit : « *Le silence est un contrat tacite, une clause partagée. Il y a d'un côté celui qui se tait, de l'autre celui qui ferme ses oreilles. Il ne suffit pas que l'un se décide à parler pour que le second l'entende.* » Mon père était muet, mais moi, j'étais restée sourde si longtemps.

Lors de notre enquête, nous avons détecté de nombreuses erreurs dans les dossiers.

Avec cet e-mail, je ne pouvais plus me boucher les oreilles. Mon demi-frère caché n'était plus une fiction. Ma sœur l'a « googlé ». Là, sur LinkedIn, une photo. Il ressemblait comme une goutte d'eau à mon père. J'ai répondu. Nous sommes convenus de nous rencontrer. C'était étrange d'arriver dans ce restaurant où il nous attendait, mes sœurs et moi. Encore plus étrange de réaliser que si nous ne connaissions rien de lui, lui savait tout de nous. C'est mon père qui lui avait raconté. Thomas connaissait mes tantes, avait rencontré ma grand-mère paternelle quand elle était encore de ce monde, les collègues de mon père. Ma mère aussi connaissait son existence. Bref, nous, les enfants de mon père, pareils à Jim Carrey dans *The Truman Show*, étions les seuls à ne rien savoir.

Deux ans plus tard, en 2016, j'ai publié un livre intitulé *Le Silence de mon père*. Et à travers ces histoires intimes, je me cognais sans cesse à « *l'Histoire avec sa grande hache* », comme dit Perec. Mon grand-père paternel, indépendantiste, ne souhaitait pas que mon père partît en France faire ses études. Il écrivait à son fils unique chéri toutes les semaines pour lui dire de surtout ne pas se mettre en ménage avec « *une Française* ». Quand j'étais petite, mon grand-père maternel me disait que si nous n'étions pas sages, « *Ong Tay* » viendrait nous manger. Ong Tay, le croquemitaine, le méchant : ça voulait dire « *monsieur le Français* ».

Comme un soleil

Au Viêtnam, les *lai* (métis) ont longtemps été méprisés. Ceux nés pendant la colonisation étaient vus comme des enfants de collabos. Après la guerre, les orphelins nés de GI américains et de femmes vietnamiennes ont été l'objet de l'opprobre générale. Ils vivaient dans la rue : des « *bụi đời* », les « *poussières de vie* ».

Thomas, pourtant, portait également un prénom vietnamien, choisi par mon père, enfin, notre père. Quand papa, qui vivait au Mans avec nous, « montait » à Paris faire des vacations à l'hôpital, ils déjeunaient ensemble. Et puis le fil a été brisé. L'AVC, en 2005. Le fils caché ne pouvait appeler ma mère sans rompre le pacte. *Le Silence de mon père* a un épilogue que je n'ai écrit nulle part. En 2016, j'ai organisé des retrouvailles avec mon/notre père. Thomas est venu avec ses enfants. En revoyant son fils, et en découvrant ses autres petits-enfants, mon père a eu ce sourire, immense, comme un soleil… Et j'ai repensé à cet e-mail, « *Suite à l'article dans* XXI », en me disant que c'était une belle suite. J'y repense encore aujourd'hui alors que j'écris ces mots, car cette suite, notre famille l'écrit désormais ensemble. Avec ce fils/frère retrouvé.

Confidentiel

CHRISTOPHE MERLIN, ILLUSTRATEUR

N°1 Un jour de 2007, Quintin Leeds, alors directeur artistique du quotidien *Le Monde*, me contacte pour me demander de réaliser une image. « Cet article, que tu devras illustrer, fait partie d'un projet qui doit rester confidentiel. Je ne peux pas t'en dire davantage. Nous travaillons actuellement sur un n° 0. Je te tiendrai informé si ce projet aboutit un jour. » L'article en question traitait de musiciens à la solde de gangs de narcotrafiquants au Mexique. Ces troubadours chantaient les grandes heures du cartel, qui les rémunérait grassement. Je dessine donc cette image, puis l'oublie. Un jour, Quintin Leeds me rappelle. Le n° 0 avait convaincu, il allait y avoir un n° 1 et il fallait fournir deux ou trois autres dessins, plus petits, en complément. Quelque temps après, en 2008, je reçois par courrier le premier numéro de la revue *XXI*. C'était une surprise : je n'avais jamais vu, en France, une telle publication. Le format de la revue, les longs articles, la prédominance des illustrations sur les photos. Et zéro publicité ! J'étais fier d'y voir mes dessins. J'avais le sentiment fort d'avoir modestement contribué à un projet d'une immense qualité, hors norme et unique.

Questions pour un espion

JEAN-PIERRE PERRIN, JOURNALISTE

N° 5 Pour *XXI*, j'ai rencontré Arkadi Gaydamak, l'un des plus grands trafiquants d'armes au monde. Un personnage inspiré de la vie de ce seigneur de guerre avait été incarné à l'écran par Nicolas Cage (*Lord of War*, 2005). Pour ma part, j'avais dû lui courir après pour le rencontrer. J'avais réussi à déjeuner avec lui près de Jérusalem, une ville dont il ambitionnait de devenir maire – il a cinq nationalités, dont l'israélienne et la française. Il avait alors cherché, dans un français parfait, à me déstabiliser, en mettant en doute ma connaissance de ma région d'origine, la Bourgogne. Cela avait entraîné un échange assez surréaliste avec des questions du style : « *Comment s'appelle le restaurant en face de la gare de Mâcon ?* » C'était sans doute dû à une certaine méfiance, voire à de la paranoïa. À l'époque, il était sous la menace d'un mandat d'Interpol et risquait la prison en France.

Ce reportage a transformé mon regard sur les trafiquants d'armes. C'était un homme sans aucun scrupule certes, mais avec une personnalité assez complexe. Il parlait cinq ou six langues, avait été successivement petit artisan, docker dans la ville israélienne de Haïfa, propriétaire de très gros clubs de football israéliens, éleveur de poulets en Russie… En France, dans le cadre d'une libération de deux otages français en Serbie en 1995 (pour laquelle il avait discuté en langue corse avec le FSB russe), il a même failli recevoir la Légion d'honneur. Ce sont finalement les médailles de chevalier de l'ordre du Mérite, puis de l'ordre du Mérite agricole, qui lui seront attribuées.

Cours de chimie
ANNE-GAËLLE AMIOT, ILLUSTRATRICE

N° 61 Pour ma première collaboration avec *XXI*, j'ai illustré l'article « New deal au Creusot » (n° 61). Comme beaucoup de graphistes freelance, je dessine parfois de chez moi, avec les enfants à côté. Chaque illustration se transforme alors en challenge pédagogique. Pour celle-ci, il a fallu expliquer en détail à un enfant de six ans le procédé de purification de la cocaïne, la différence entre le shit et la *weed*, les effets de la MDMA, la technique d'utilisation d'une pipe à crack ou encore les qualités pour être un bon guetteur. Je me demande ce que la maîtresse va penser de moi à la prochaine réunion parents-profs !

La pédagogie du thé
OLIVIER COURTOIS, JOURNALISTE

N° 13 Je m'étais rendu dans la petite ville himalayenne de Mussoorie au nord de l'Inde, pour apprendre le hindi au sein d'une école. Journaliste indépendant, je devais maîtriser cette langue pour mes séjours ultérieurs. Chaque jour, j'empruntais le même itinéraire entre ma chambre et l'école. Je passais devant plusieurs échoppes dont celle d'Inam, un tailleur. Je ne sais plus qui a salué l'autre le premier, mais c'est lui qui m'invita à entrer dans sa boutique pour boire le thé. Les semaines qui suivirent, je n'ai plus cessé d'en boire. Trois mois plus tard, je quittais Mussoorie en parlant une langue que j'ai surtout apprise dans un atelier de couture en écoutant Inam parler. Son histoire est devenue un article, dans le numéro 13 de *XXI*.

RUBRIQUE COORDONNÉE PAR LÉONE LAALI ET RÉMI BAYOL

LES MINIATURES

AVANT DE SAVOURER LES GRANDS RÉCITS, QUATRE PORTRAITS INSTANTANÉS À PICORER.

Désert et tabou

L'ÉCRIVAIN MAURITANIEN MBAREK OULD BEYROUK DÉROULE LE FIL QUI UNIT SES SIX ROMANS, LA VIE DANS LE SAHARA.

Il a un air débonnaire dans son large boubou qu'il lui faut tenir pour que le vent iodé ne s'y engouffre pas. Seul dans son café favori planté sur la longue plage de Nouakchott en Mauritanie, face aux vagues de l'Atlantique, Mbarek Ould Beyrouk essaie de retracer trente ans d'écriture. Ce n'est jamais facile de tirer des conclusions. Finalement on tombe d'accord : avant toute chose, l'écrivain de 65 ans se raconte des histoires. « *J'ai envie de me raconter un monde, de raconter mon monde* », dit-il.

Les six romans publiés par l'auteur mauritanien sont finalement six songes autour du même sujet, le Sahara, celles et ceux qui y vivent. Chacun de ses récits explore un aspect du grand désert, en prenant le temps, une respiration dans l'immédiateté de son actualité déprimante, faite d'armes, de trafics et de djihad.

Né à Atar, à 450 km de Nouakchott, Beyrouk, comme on l'appelle, y a fréquenté l'école primaire. Le lycée dans la capitale, puis la fac de droit au Maroc, comme de nombreux Mauritaniens. En rentrant au pays, il crée un mensuel, *Mauritanie Demain* (qui n'existe plus), écrit des nouvelles dans un autre. Devient conseiller culturel à la présidence mauritanienne. En parallèle de ses boulots, il écrit à pas d'escargot. « *Je ne suis pas une bête de travail, parfois j'écris pendant deux heures, parfois une demi-heure, mais toujours, avant de raconter une histoire, je la vis intérieurement.* »

Ironiquement, dans son propre pays, royaume de l'oral et moins de l'écrit, on ne trouve ses livres que dans les quelques librairies de Nouakchott. Guère plus. Ironiquement, surtout, ses livres en français sont traduits en anglais, en espagnol… mais pas en arabe, dans une société où c'est pourtant la langue officielle.

« Certains sujets ne plaisent pas à toutes les maisons d'édition arabes », concède-t-il en écrasant sa cigarette pour siroter son thé : les enfants hors mariage, le célibat des jeunes filles, les tabous d'une société nomade à la tradition ancrée, le face-à-face avec l'extrémisme religieux, la riche histoire nationale mauritanienne, le fantasme de Tombouctou (au Mali) comme carrefour saharien.

Chantre de la lutte armée

Mais l'homme préfère se réfugier dans son amour du français : *« Le français, c'est bien, c'est l'universel, c'est mieux. »* Beyrouk est de cette génération francophile née sous la colonisation. Un père instituteur lui a mis dans les mains, à 13 ans, Victor Hugo, *Les Misérables*. Il l'a lu d'une traite pendant la *« guetna »*, la saison de récolte des dattes dans les oasis de l'Adrar.

Quand le deuxième thé arrive, Beyrouk évoque son grand-père. Il rêve d'écrire une biographie

Certaines idées ne plaisent pas à toutes les maisons d'édition arabes.

romancée de cette vie du début du XXᵉ siècle, qui reflète une certaine histoire saharienne. Bandit aux mille razzias, chantre de la lutte armée contre le colon français, adepte du Cheikh Ma El Aïnin, il fascine son petit-fils moustachu.

Mais écrire sur la famille est délicat. Ce grand-père incarne pourtant une volonté de casser, de tout changer, martèle l'écrivain qui en tire une leçon : *« Les jeunes Mauritaniens doivent savoir qu'à un moment il peut y avoir une rupture, qu'on peut avoir des idéaux, qu'on peut refuser. »*

AMAURY HAUCHARD

La sainte patronne des migrants

DANS LE VILLAGE DE LA PATRONA, AU MEXIQUE, NORMA PRÉPARE DES EN-CAS POUR LES CLANDESTINS JUCHÉS SUR LES TRAINS. LA MISSION DE SA VIE.

Dans une petite cuisine embuée, au fin fond du Veracruz, au Mexique, Norma est aux fourneaux. La voilà, de bon matin avec son amie Julia, occupée à préparer du riz rouge et des haricots noirs. Aucun mot inutile ne vient déranger leur labeur. Seules les chansons d'amour d'une petite radio résonnent. *« Ma raison, ma raison, ma raison d'être, c'est toi »*, fredonne Julia. Le temps est suspendu. Le train n'a pas d'horaire, on ne sait jamais quand il passera. Puis d'un coup, on l'entend siffler, à quelques kilomètres de là. Au son, elles savent reconnaître si la locomotive vient du sud ou du nord.

Les deux femmes lâchent leurs marmites. D'une main, elles attrapent les cagettes remplies de nourriture, de l'autre la brouette de bouteilles d'eau et se précipitent au pied du train. Coincés entre les wagons ou perchés sur le toit, de jeunes hommes attrapent tant bien que mal les petits sachets que les femmes leur lancent.

On surnomme ce train de marchandises *« la Bestia »* – *« la Bête »*. Comme un monstre, il avale les kilomètres à vive allure, du Guatemala à la frontière étasunienne. Les migrants centraméricains ont pris pour habitude de s'accrocher à lui avec l'espoir de rejoindre le nord du Mexique.

Depuis vingt-huit ans, celles qu'on surnomme *« las Patronas »* se sont donné pour mission de les nourrir. Pour Norma, cette rencontre a été comme un coup de foudre. Un 14 février de l'année 1995, sa sœur revient de l'épicerie les mains vides. La jeune femme avoue avoir offert le pain et le lait à des garçons suspendus au train. *« Ils avaient un accent. »*

L'amour à sa porte

Leonila, la mère, décide alors de concocter des tortillas à glisser dans de petits sacs destinés aux voyageurs clandestins. Tous les jours, rejointes bientôt par une dizaine de femmes, pour la plupart de leur famille, elles se retrouvent dans cette cuisine.

Le caractère ferme, les cheveux tirés en arrière et le regard sérieux, Norma, 53 ans, a repris à la mort de son mari le flambeau de sa mère. Depuis, l'amour a à nouveau toqué à sa porte, il avait le visage d'un Espagnol. Mais la Mexicaine a préféré se consacrer aux âmes en peine. Elle dit avoir trouvé sa raison de vivre. *« Dieu les a mis sur ma route. »* L'effervescence retombe lorsque la lumière du train s'éloigne, et la vie silencieuse reprend, dans ce petit village abîmé par le narcotrafic. Le soir, la paysanne rejoint son champ de canne à sucre pour récolter ce qu'elle vendra le lendemain. **ITZEL MARIE DIAZ**

ILLUSTRATION HANNAH ROBINSON

Reporter enragée

AMIE DE ZOLA ET DE VALLÈS, ADMIRÉE PAR APOLLINAIRE, SÉVERINE FUT EN FRANCE LA PREMIÈRE FEMME REPORTER. SES TEXTES LES PLUS MARQUANTS ONT ÉTÉ REPUBLIÉS DANS UN RECUEIL À L'AUTOMNE DERNIER.

À 6 heures du matin, une élégante silhouette avance dans les faubourgs du nord de Paris. Avec ses gants de cuir et son chapeau à voilette, elle détonne dans ce quartier ouvrier. En cette fin de XIXᵉ siècle, il est incongru qu'une femme issue de la petite bourgeoisie s'aventure seule à l'aube. Mais Séverine a rendez-vous avec une ouvrière « casseuse de sucre » qui s'empoisonne à force d'en inhaler les poussières. La jeune femme a enfilé un jupon et un tablier pour se mêler à la foule des travailleuses. « *Je voulais connaître par expérience plutôt que par ouï-dire. Décrire la vie ouvrière ne suffit pas, il faut la vivre pour en bien apprécier toute l'injustice et toute l'horreur.* »

Le reportage est alors encore balbutiant dans la presse française, où on lit surtout des chroniques et des éditos. Et si quelques femmes écrivent des romans ou des chroniques, aucune ne pratique ce nouveau métier, qui consiste à aller voir pour rendre compte.

Pas plus qu'une autre, Séverine, née Caroline Rémy, n'y était prédestinée. Enceinte d'un enfant conçu hors mariage, elle fut envoyée par sa famille à Bruxelles pour accoucher en secret. Elle y rencontra Jules Vallès, écrivain et journaliste exilé pour avoir pris part à la Commune de Paris. Entre le vieux communard bourru et la jeune femme à la beauté solaire, ce fut un coup de foudre amical et professionnel. Elle sera « *son secrétaire* », il lui enseignera le journalisme.

De retour à Paris, ces deux-là ne se quittent plus. Mais les parents de Séverine, chez qui elle vit encore, cherchent de toutes leurs forces à la détourner de cette voie. En 1881, la jeune femme se tire une balle dans la poitrine, après avoir laissé une lettre à son mentor. « *Je meurs de ce qui vous fait vivre, de révolte. Je meurs de n'avoir été qu'une femme alors que brûlait en moi une pensée virile.* » Séverine a 25 ans. Elle vient de rater son suicide et d'imposer sa liberté : plus personne n'entravera de sa vocation.

« Fureur d'amant ? Nenni ! »

Quand Vallès relance son journal, *Le Cri du peuple*, Séverine en est un pilier. Elle signe ses premiers articles « Séverin » avant d'apposer son vrai prénom. Éprise d'indépendance, elle publie « *de gauche à droite suivant les hasards de la vie, défendant toujours les idées qui* [lui] *sont chères, sans autre responsabilité que celle qu'aura paraphée* [son] *nom* ».

S'aventure dans les décombres de l'Opéra-Comique ravagé par un incendie meurtrier, descend dans la mine de Saint-Étienne, où une centaine de mineurs viennent de mourir après un coup de grisou, prend parti pour le capitaine Dreyfus, couvre les grèves, raconte la vie des pauvres et des ouvriers, se sert de sa plume comme d'une arme de combat, fustigeant la peine de mort ou la colonisation.

Séverine fait entrer la détresse des femmes dans les journaux et défend dès 1892 le droit à l'avortement. Cent cinquante ans avant que le mot « féminicide » entre dans la langue française, elle dénonce les « *tueurs de femmes* » : « *Il ne faut pas s'y méprendre, on ne s'y doit pas tromper : les trois quarts des gaillards qui assassinent leur légitime n'ont aucunement l'excuse de la jalousie, le prétexte de la passion. Fureur d'amant ? Nenni ! Violence de proprio qu'on lèse, que l'on frustre et qui se venge* », s'insurge-t-elle.

Elle écrit sur la détresse des femmes et défend dès 1892 le droit à l'avortement.

Longtemps, elle se tient pourtant en marge des mouvements féministes. Elle se méfie des « *dames d'attaque à cheveux trop courts et à la langue trop longue* », et, libertaire, méprise le principe même du suffrage universel. Il faudra attendre le début du xxᵉ siècle pour qu'elle s'engage en faveur du droit de vote des femmes. « *J'ai fait mes preuves. Pas une protestation, pas une plainte, pas une prière féminine dont je ne me sois fait l'écho* », justifiait-elle. Elle est morte en 1929, laissant derrière elle 6 000 articles et ouvrant la voie aux femmes journalistes.

SOPHIE TARDY-JOUBERT

Toutes les citations sont extraites de *Séverine, L'Insurgée* (de Paul Couturiau, éd. L'Échappée, 2022).

Blêmes les HLM

IMMUABLE RENGAINE DES TOURS ET BARRES D'IMMEUBLES, LA PANNE D'ASCENSEUR A FINI PAR CRÉER DES VOCATIONS : PORTEURS DE COURSES DANS LES ÉTAGES.

Dweezil se souvient de cette dame, à Rouen, qui avait fondu en larmes à son arrivée. « *Elle avait des enfants en bas âge… Elle était épuisée. Monter des courses était une épreuve.* » Dans cette grande tour, un ascenseur avait lâché, et bloqué des centaines de locataires. Alors Dweezil, dit Douwie, et deux autres porteurs avaient été dépêchés au pied de l'immeuble. Le dépannage avait duré quelques jours, le temps que la machine soit réparée, et que le trio enchaîne des dizaines de montées et descentes, sacs et packs d'eau à la main. Les habitants les avaient surnommés « *les anges gardiens* » – un ascenseur en panne peut transformer un immeuble en prison, physique et mentale.

Réputation de super-héros

Douwie, 23 ans, vit à Sceaux, en banlieue parisienne. Il est salarié de Solution AMV, société spécialisée dans les problématiques de mobilité. Née il y a sept ans d'une panne à Bobigny, en Seine-Saint-Denis, l'entreprise est le prolongement d'une action associative. Au fil des galères d'ascenseur, monnaie courante dans toute la région parisienne, un réseau s'est constitué, de bénévoles, militants ou simples quidams, qui se sont mis à intervenir dans un nombre croissant d'immeubles. Ils se sont chargés de négocier avec les techniciens, de convoyer ici un enfant handicapé, d'acheminer là des provisions dans les étages les plus perchés. À la longue, les réseaux sociaux leur ont forgé une réputation de super-héros des HLM. En 2021, ils se sont donc professionnalisés, condition *sine qua non* pour travailler de concert avec mairies et bailleurs, et créer des emplois. Solution AMV, dont le siège est à Roissy, est désormais sollicitée partout en France, de Bobigny à Nice, de Mulhouse à Rouen.

« *Qu'est-ce qu'on peut demander de plus à un boulot ? On donne du sourire, et on en reçoit* », répète Douwie, dont la diction traîne sur chaque syllabe. Le jeune homme dit s'être attaché aux personnes qu'il secourt. « *Je prends de leurs nouvelles tout le temps, même quand je ne suis pas en service. On connaît leur histoire, ils nous la confient. Le lien se crée vite, peut-être parce qu'ils nous rappellent des gens de notre entourage.* » Comme cette nonagénaire chez qui sa boîte l'envoie souvent, aux portes de Paris. Elle lui évoque ses grands-parents, jadis résidents d'une longue barre de béton à Vichy. Cette vieille dame n'habite pas très haut, pourtant. Au rez-de-chaussée. Mais il y a cette poignée de marches pour y accéder. Pour elle, c'est une montagne.

RAMSÈS KEFI

ILLUSTRATION HANNAH ROBINSON

SUR LA ROUTE

Polt, train compte triple

TOUS LES TROIS MOIS, *XXI* SUIT UN TRAJET QUI EN DIT LONG SUR LE TERRITOIRE QU'IL TRAVERSE. POLT, QUI RELIE PARIS À TOULOUSE EN SEPT HEURES, EST UN EMBLÈME DES MAUX DE LA SNCF.

Notre conversation avec un conducteur de train établi en Nouvelle-Aquitaine a failli finir en Scrabble. Des lettres se sont baladées – T, O, B, C. Le sujet est un marronnier long de 700 kilomètres : la ligne Polt, acronyme de Paris-Orléans-Limoges-Toulouse et vieille de plus d'un siècle. Ses usagers la décrivent comme une diligence capricieuse, coutumière des retards, des suppressions et de rencontres impromptues sur les voies avec des cervidés. En filigrane, ils l'érigent en symbole d'un mépris pour la France des terres depuis Paris. Plus les années passent, et plus les temps de trajet s'allongent, comme si le progrès avançait en *moonwalk* sur cette ligne-là.

Polt, devenu hashtag de colère sur Twitter, concentre les maladies les plus graves du chemin de fer français. Sur son tracé, les rails sont usés. Alors, en hiver, le givre les torture plus qu'ailleurs, la chaleur les dilate en été et les locomotives ralentissent la cadence pour éviter le drame. Des caméras de télévision suivent parfois des voyageurs comme s'ils embarquaient pour le triangle des Bermudes. Et les mésaventures du Polt alimentent la chronique de la colère comme du déclin. Marie, mère de famille bavarde et menue sur le quai de Paris-Austerlitz, nous tape sur l'épaule : « *On a intégré l'idée que les horaires sont hypothétiques, malgré la cherté des billets. Quand on arrive*

à l'heure, on se demande si c'est réel. *Les rares fois où j'ai dû emprunter des correspondances, ça a été des épreuves mentales. Il faut partir du principe qu'on peut les rater.* » Des usagers, à Châteauroux ou Issoudun, ont abandonné le train et misent désormais sur la voiture.

Suspendu à des utopies

Le Polt fut jusqu'à la fin des années 1980 l'une des voies les plus cajolées de France. Le Capitole, train prestigieux et moderne qui assurait le trajet, traînait une réputation de fusée : il était fiable et rapide. Puis, il a été poussé à la retraite, trois décennies après sa mise en service. Au début des années 1990, la ligne a progressivement été négligée et les conséquences de sa déchéance ont été sous-estimées. Sa modernisation a traîné, suspendue à de grands projets, voire des utopies. Une ligne de TGV, par exemple, qui aurait desservi Limoges. Ou bien l'Hyperloop, capsule du futur fonçant à 1 200 km/h, qui aurait mis cette même Limoges à quarante-cinq minutes de la capitale – contre trois heures vingt aujourd'hui. Environ, bien sûr.

La réalité du moment est moins futuriste. Régulièrement, des élus de tous bords se manifestent pour signer des pétitions et quémander un train matinal supplémentaire. Ce Paris-Toulouse, qui traverse dix-sept villes et quinze départements, fait ainsi des miracles : il crée le consensus entre des politiques de gauche et de droite. À l'automne dernier, l'entreprise Legrand, spécialisée dans l'électronique et cotée en bourse, s'est fendue d'une lettre au gouvernement. Elle y montre les dents. Sise à Limoges, elle constate que ses employés galèrent pour leurs allers-retours à Paris, et déplore que « *le manque criant d'infrastructures modernes et fiables pénalise le rayonnement de notre territoire* ». En mars dernier, Clément Beaune, ministre des Transports, et Jean-Pierre Farandou, président de la SNCF, ont visité la préfecture de la Haute-Vienne pour rassurer, sous les huées : des centaines de millions d'euros ont déjà été engagés pour rattraper le temps perdu, ont-ils juré.

De nouvelles rames devraient être mises en circulation en 2026. Sur des rails moins vétustes. Se posent néanmoins des questions autour du T de Polt. Toulouse est desservie par une ligne plus rapide – via Bordeaux – et donc, mieux reliée à Paris. Le cheminot néo-aquitain observe : « *Désormais, le Polt est moins un enjeu pour Toulouse que pour d'autres villes, comme Brive ou Cahors. Il vaudrait mieux parler du Polb ou du Polc. Des trajets nécessaires entre petites gares de villes moyennes.* » Qui n'ont pas forcément un patron du CAC 40 pour secouer un ministère.

**RAMSÈS KEFI
ILLUSTRATION ARTHUR JUNIER**

TRAVAIL AU CORPS

CORINNE, 42 ANS

PHOTOGRAPHE PROFESSIONNELLE DE TENNIS

> **J'essaie de ne pas être spectatrice, mais actrice**

Corinne Dubreuil rentre de l'Open d'Australie à Melbourne, le premier gros tournoi de tennis de l'année. Depuis 1987, année de ses premières photos d'amatrice à Roland-Garros, elle a connu les diapositives, l'argentique, la multitude de câbles… Pour autant, ce métier qu'elle adore, dont elle a toujours rêvé et dans lequel elle « *[s]'éclate* », reste « *assez intense* », avec certaines journées qui débutent à l'ouverture du stade pour finir à 3 heures du matin. Il exige un bon sommeil et une bonne alimentation, pour survivre aux quinze kilomètres par jour avec quinze kilos de matériel sur le dos. Après chaque tournoi, Corinne file volontiers chez le kiné. Et une fois passés l'*editing* des photos, les e-mails, la paperasse, la comptabilité et quelques sorties entre amis, elle repart. L'objectif est de travailler sur quelques gros tournois chaque année pour bien gagner sa vie, sans abuser.

PAR ASSIA HAMDI — ILLUSTRATIONS JORGE CUADAL CALLE

1 Quel est votre contrat ?

J'ai été photographe salariée en CDI à *Tennis Magazine* de 1990 à 2003 : j'aimais le travail en équipe, la préparation d'une maquette, les bouclages, mais j'avais envie de voyager plus, de faire plus de terrain. Depuis, je suis freelance et rémunérée en notes d'auteur. Je pars en tournoi pour photographier des joueurs précis, pour le compte de clients qui peuvent être des marques, des événements, la Fédération française… Ensuite, je reste propriétaire de mes images et je les dépose dans une agence, Abaca Press, qui les diffuse dans le monde entier.

2 À quel moment quittez-vous votre tenue de travail ?

Mon uniforme pendant les tournois, c'est short, t-shirt, et bien sûr, de bonnes lunettes de soleil. Et pendant très longtemps, j'avais aussi un sac à dos dans lequel je mettais tout mon matériel (deux gros boîtiers professionnels, très lourds, et trois zooms – un téléobjectif très polyvalent pour le tennis, et deux focales fixes).

3 Votre activité vous demande-t-elle un effort physique ?

Porter l'ordi, le matériel, les câbles dans un sac à dos toute la journée, ça a fini par me bousiller les vertèbres donc je l'ai troqué contre une valise. Mon sacrum se déplace souvent, donc j'évite aussi de me lever d'un coup. En 2021, lors de la finale du tournoi de Monte-Carlo, je me suis bloqué le dos au dernier jeu. Je ne pouvais plus bouger. Jérôme Bianchi, le kiné français du joueur Stefanos Tsitsipas, m'a filé un cachet et m'a mis l'appareil sur les mains, juste pour la balle de match. Ensuite, pendant trois jours, j'avais 120 ans !

4 Votre activité vous demande-t-elle un effort mental ?

À mes débuts, la mise au point se faisait manuellement, et on triait les photos deux jours plus tard. Impossible de se tromper sur l'exposition, sinon la photo était inexploitable. Aujourd'hui, l'effort est différent. Je dois surtout penser à connecter mon appareil pour que l'image soit envoyée. Parce que, quand Novak Djokovic gagne l'Open d'Australie, mes clients attendent le cliché de la victoire pour la publier au plus vite sur Instagram et Twitter.

5 Qu'est-ce que votre travail vous a permis, ou empêchée, de faire ?

J'ai la chance d'exercer un métier qui est ma passion et qui me permet de rencontrer des joueurs. Quand j'ai commencé, Amélie Mauresmo avait 11 ou 12 ans. Je l'ai vue évoluer, aujourd'hui on est potes et c'est sympa d'avoir ce lien qui a perduré au-delà du tennis. D'un point de vue plus personnel, mon métier ne m'a jamais empêchée d'avoir une vie de famille.

7 Un souvenir qui vous a marquée ?

En 1987, à 16 ans, je voulais déjà devenir photographe de tennis et j'ai eu l'occasion d'aller à Roland-Garros. Sur le court numéro 1, il y avait Chris Evert, alors numéro 2 mondiale. Je ne suis à ce moment-là que photographe amatrice, et fan de tennis, mais j'ai réussi à savoir où elle logeait – les joueurs fréquentent tous les mêmes hôtels – et à obtenir le numéro de téléphone de chez elle, en Floride. Par la suite, quand je voulais assister à un tournoi, je l'appelais et je lui demandais des places ! C'est comme ça que j'ai réussi à débuter dans le métier. Sur place, je faisais des photos en amatrice et je les vendais à des particuliers par petites annonces. Aujourd'hui, quand on se croise, on se fait un « hug », à l'américaine !

6 Avez-vous l'impression de bien faire votre travail ?

Comme j'ai des années d'expérience, j'ai gagné en efficacité : je sais où me placer, et je connais les habitudes des joueurs. Je sais lesquels vont se retourner vers leur clan ou serrer leur poing, ça m'évite de perdre du temps. Certains sont aussi plus intéressants à photographier : Rafael Nadal, par exemple, est plus expressif que d'autres. Après, j'essaie de ne pas être spectatrice de ce qui se passe mais actrice, en jouant avec la lumière, les ombres, la gestuelle. Reste quand même que, sur un événement, une très belle photo, ça n'arrive que cinq fois en quinze jours.

NOMBRES ET LUMIÈRES

FORMULES ET THÉORÈMES : LA VOILÀ, LA POÉSIE D'ARIANE MÉZARD. ALORS, ÊTRE CONSEILLÈRE SUR UN FILM AVEC ELLA RUMPF ET JEAN-PIERRE DARROUSSIN NE FAISAIT PAS PARTIE DE SON ÉQUATION. LA MATHÉMATICIENNE Y A FINALEMENT VU L'OCCASION DE DONNER UNE HÉROÏNE À SA DISCIPLINE, QUI EN MANQUE CRUELLEMENT.

Par Clotilde de Gastines
Illustrations Antony Huchette

« Je suis tellement inculte en cinéma »

Dans l'allée centrale, les rails sont en place, la caméra fait le point sur des étudiants attablés. Une silhouette féminine élancée, cintrée dans un perfecto de cuir noir, longe discrètement la scène. De sa haute taille, Ariane Mézard, soucieuse, observe ce brouhaha. Les élèves tapent du poing sur la table avec leurs couverts en scandant, hilares : « *Marguerite au séminaire ! Marguerite au séminaire !* » Quelque chose inquiète Ariane. Les figurants ne semblent pas au complet. Pire, ils intervertissent leurs places

d'une prise à l'autre. Une angoisse la submerge. « *C'est n'importe quoi, ça ne sera jamais raccord* », pense-t-elle. D'un geste mécanique, elle hérisse ses cheveux en brosse. « *On court à la catastrophe !* » Soudain, elle comprend : il s'agit de simples répétitions. Des mois plus tard, elle en rit encore : « *Il fallait que j'accepte de lâcher le contrôle. Pour une fois, mon rôle n'était pas d'être la cheffe d'orchestre !* »

À 51 ans, Ariane Mézard est l'une des rares Françaises à être chercheuse en mathématiques pures. Pointure en géométrie arithmétique, un domaine particulièrement théorique, la mathématicienne est reconnue dans le monde entier depuis qu'elle a mis au point avec un confrère la conjecture Breuil-Mézard, devenue incontournable. Ariane Mézard enseigne à l'École normale supérieure (ENS) – Paris Sciences et Lettres. Connu du grand public pour ses filières littéraires, l'établissement prestigieux forme aussi les mathématiciens qui travailleront dans l'enseignement et la recherche, et décrocheront peut-être un jour une médaille Fields ou Poincaré, sauf s'ils sont happés par les sirènes de la finance, l'industrie ou l'informatique.

« *Les maths, c'est une histoire de famille, mon père m'a donné le virus, mon mari est physicien, mes deux fils font des sciences. Toute ma vie tourne autour du besoin un peu fou d'expliquer le monde qui nous entoure dans toutes ses dimensions* », sourit la passionnée dans son bureau avec vue sur Paris. Elle vient de visionner une version montée du film *Le Théorème de Marguerite*, tourné dans les murs de l'ENS en mai 2022. « *Si on m'avait dit qu'un jour je verrais mon nom au générique, je n'y aurais pas cru*, reconnaît celle qui a accepté d'être créditée comme conseillère mathématique. *Le monde du cinéma me paraissait à des années-lumière de mon quotidien et je suis tellement inculte en la matière…* »

« Tu plombes l'ambiance »

À l'automne 2017, Normal Sup' est en ébullition. Aucune candidate féminine n'a été reçue au concours d'entrée en maths, alors qu'elles sont en général trois ou quatre. La nouvelle promotion de trente-cinq élèves est entièrement masculine. Constat d'échec pour Ariane Mézard, qui se sent impuissante. Elle a beau participer à des actions de sensibilisation dans les collèges et les lycées, elle a plutôt « *l'impression d'être un ovni venu d'une autre planète* ». Son auditoire reste « *totalement indifférent* ». Et le vivier de filles en filières scientifiques dramatiquement réduit.

C'est alors que la chercheuse reçoit un e-mail. Une certaine Anna Novion souhaite la rencontrer. La réalisatrice de

43 ans écrit un film sur une étudiante en mathématiques, Marguerite, qui étudierait à l'ENS. Elle imagine un personnage timide et réservé, isolé dans ses bouquins, qui déciderait de quitter le cursus.

Ariane est à la fois agréablement surprise et sceptique, l'intrigue lui paraît peu réaliste. Rares sont les normaliens à quitter «l'École». *«C'est notre hantise. En tant que professeurs, nous prenons garde à ce que les élèves ne se "blessent" pas, à ce qu'ils s'épanouissent dans la matière de leur choix. Ils ont réussi un concours très sélectif, leurs prédispositions sont extrêmement précieuses»*, explique la chercheuse.

Malgré ses réserves, elle accepte une rencontre, cela pourrait être l'occasion de parler de la place des femmes dans les maths. *«Il y a urgence. Nous sommes, nous, les mathématiciennes, une espèce en voie d'extinction. Il y a dix ans, nous étions trente-cinq professeures d'université en mathématiques pures. Aujourd'hui, nous ne sommes plus que trente»*, énumère-t-elle, l'air préoccupé. C'est devenu son plus grand combat, partagé par ses pairs, qui ont la responsabilité de valoriser leur discipline auprès du public.

«Il faut dire que, dans une soirée, quand tu dis que tu fais des maths, tu plombes l'ambiance! Les gens font une sorte de grimace, genre "ah super" et tournent les talons en prétextant qu'ils vont se chercher un verre.» Faussement outrée, Ariane lève les yeux au ciel et rit nerveusement. *«Notre attachement, notre amour pour les maths, est impossible à communiquer.»* Sa voix se briserait presque, laissant poindre la sensation abyssale d'être incomprise.

« Peur que ce soit mal vu dans le métier »

Dès leur rencontre, Anna Novion est fascinée par cette personnalité singulière à l'humour caustique. Avec qui elle se sent *« une connexion »* immédiate, *« comme si on s'était branchées l'une à l'autre »*, se remémore la cinéaste, qui a déjà réalisé deux longs métrages et plusieurs épisodes de la série *Le Bureau des légendes*. Rapidement, les deux femmes se trouvent des points communs : *« une grande pudeur et un côté passionné, très direct, sans filtre. Une sensibilité à fleur de peau et une armure de dingue »*, décrit la réalisatrice franco-suédoise à la bouille d'ange blond et au grand rire franc.

Pour comprendre où elle met les pieds, Ariane rencontre aussi les producteurs du film, Miléna Poylo

et Gilles Sacuto, qui insistent sur l'importance de vérité à l'écran, comparant les mathématiques à un pays étranger, avec son histoire, qu'il faut représenter au plus vrai pour que le film puisse s'épanouir. Ariane accepte de «*nourrir*» Anna Novion. Pour commencer, elle lui fait visiter «*sa maison*» d'un pas agile. Dès l'entrée, le fronton gravé du nom de l'école impose le respect. «*Un matheux ne passe jamais par là, c'est trop écrasant. On a tous un vrai complexe d'infériorité par rapport au poids des ancêtres ultrabrillants qui nous ont précédés et par rapport aux lettreux en général*», décrit Ariane avec sérieux.

Marguerite empruntera donc plutôt un petit passage sur la droite. Elle longera la cour aux Ernests – du prénom d'un ancien directeur de l'école –, un havre de paix verdoyant doté d'un bassin central où s'ébattent une dizaine de poissons rouges, tous surnommés Ernest. Puis un lacis de couloirs l'amènera jusqu'au département de mathématiques et applications.

Ariane s'arrête dans les recoins délaissés – un bel escalier des années 1930, des vues décalées dans la bibliothèque –, mais surtout près des tableaux noirs, qui occupent chaque parcelle de mur dans cette aile du bâtiment, pour permettre aux chercheurs de noter leurs démonstrations à la volée. Ce n'est que le début d'un long échange qui durera cinq ans.

La mathématicienne préfère pourtant minimiser son rôle dans l'aventure. «*Je crains que ma participation au tournage soit mal vue dans le métier: chronophage, futile, pas sérieux.*» Pour une femme, devoir écourter sa présence à un colloque en raison de contraintes familiales est déjà mal perçu. Les mathématiciens aiment laisser croire qu'ils dédient leur vie à la recherche, au détriment même de leur vie personnelle. Alors s'acoquiner avec des artistes… Mais la cause est belle. Les maths ont désespérément besoin d'héroïnes, le cinéma peut leur en donner une.

« Une petite gourmandise »

Au début du film, Marguerite étudie en solitaire, concentrée sur la préparation d'un séminaire au cours duquel elle doit présenter une partie de sa thèse. Elle voue une admiration sans borne à son directeur de thèse, Laurent Werner – incarné par Jean-Pierre Darroussin, compagnon d'Anna Novion à la ville. À tel point que la jeune femme finit par penser qu'elle ne peut pas réussir sans lui, sous peine d'imposture. Mais les événements se précipitent. Une erreur dans sa présentation remet tout en question. Sur un coup de tête, la jeune femme de 24 ans décide d'arrêter ses études. Elle doit rembourser ses frais de scolarité, et aussi imaginer sa vie en dehors des maths. Son errance la conduit de petits boulots en petits boulots, puis dans des tripots clandestins où elle se met à jouer à des jeux d'argent. Au risque de gâcher son don et de perdre de vue un rêve un peu fou : prouver la conjecture de Goldbach, l'un des plus grands problèmes mathématiques encore irrésolus aujourd'hui.

Ariane observe la gestation du projet et prend sur son temps personnel pour répondre aux demandes d'Anna Novion et de Mathieu Robin, son coscénariste. La précision de la chercheuse doit être chirurgicale. Il faut s'assurer de la cohérence des équations et des lemmes – ces résultats intermédiaires, souvent interminables – qui seront présentés à l'écran. À la fois, *« une petite gourmandise »* et *« une obligation morale »* car, Ariane en est certaine, les matheux du monde entier feront des arrêts sur image pour vérifier et prolonger la démonstration de l'héroïne.

D'ailleurs, elle tient à un point précis et le fait savoir : le domaine de Marguerite devra être celui des maths pures. *« Quand on travaille en maths pures, on est dans la création, dans une recherche d'esthétique, de vérité, d'absolu. Comme en poésie, il s'agit de donner une forme à des choses qui sont indicibles et, d'une certaine façon, impalpables. »* Et puis les champs d'applications des maths pures sont encore inconnus, ce qui leur donne un côté libertaire : *« Notre moteur est purement gratuit. Les résultats de nos travaux ne seront pas utilisés à notre échelle de temps, contrairement à ceux des mathématiques appliquées »*, ajoute-t-elle.

Il s'agit aussi pour l'enseignante de lutter contre les idées reçues qui plombent la discipline, perçue comme aride. *« Les maths, ce n'est ni carré, ni rationnel »*, constate Jean-Pierre Darroussin, qui a suivi toute l'écriture du film, avant de préparer son rôle avec

Ariane. Le comédien est fasciné par l'aspect ludique du maniement des chiffres : « *Un mathématicien peut décider de prendre un terrain de football comme sujet de recherche, et s'amuser à calculer toutes les trajectoires potentielles d'un ballon. N'importe quelle fortuité ou probabilité peut se traduire en équation*, observe ce grand fan de foot et d'échecs avec un grand geste. *Le plus fou, c'est quand tu pars dans les grands nombres, c'est vertigineux – tu élargis la focale au niveau de la vastitude !* »

Pour retranscrire cet aspect passionné de la recherche, les scénaristes créent une quête mathématique tangible et visuelle. Et ce n'est pas un hasard si leur choix s'est arrêté sur la conjecture de Goldbach qui prend la forme d'une pyramide, avec toute la charge symbolique de ses dédales, du mystère de leur construction et du décryptage des hiéroglyphes. « *Même si le spectateur ne comprend rien aux maths, la quête de ce personnage le tiendra en haleine* », explique Mathieu Robin, qui a pris *Le Stratège* comme film de référence : « *On ne connaît rien au baseball, et pourtant, quand Brad Pitt décide de monter une équipe en se basant sur les statistiques des joueurs, on le suit jusqu'au bout.* »

Sur son impulsion, Marguerite, fragile et hésitante dans les versions d'origine du scénario, devient un personnage fort et indocile. « *Elle a pris la chair et la maturité d'une héroïne*, se réjouit Ariane, satisfaite et émue. *J'avais raconté à Anna et Mathieu que souvent, les normaliens ont eu l'enfance décalée d'esprits trop rapides, avides de connaissance.* » Elle leur donne les exemples de Mafalda et Matilda, l'emblématique personnage de BD de Quino et la jeune héroïne de Roald Dahl, en qui elle se reconnaît.

C'est aussi dans la radicalité des choix de Marguerite qu'elle se retrouve. À 20 ans, elle a été admise à l'École polytechnique, d'où elle a démissionné aussi sec pour rejoindre l'ENS de Lyon. Elle préférait se consacrer aux mathématiques, plutôt que de se disperser dans une école où l'enseignement était pluridisciplinaire. Une manière aussi de rejoindre son compagnon, devenu son mari depuis, qui était entré en physique dans le même établissement.

Après l'école, l'apprentie mathématicienne a fait son doctorat à l'université de Grenoble. « *On peut dire que j'étais une bonne élève, obéissante, jusqu'au jour où mon directeur de thèse a spolié une partie de mon travail pour le publier sous son nom* », se souvient celle qui a maintenant deux enfants et moult étudiants, en plissant les yeux d'un air déterminé à l'évocation de cet épisode. « *Tout le monde savait, j'avais toutes les preuves, mais l'institution n'a pas dénoncé sa publication, il a juste perdu son habilitation à encadrer des doctorants, et on m'a dit que ça ne me porterait pas préjudice car j'avais un avenir très prometteur.* » De quoi inspirer les scénaristes pour brosser la trajectoire de Marguerite qui, au fil du film, va tenter de s'émanciper de son directeur de thèse.

« Il manque une parenthèse »

Dans un amphithéâtre lumineux de l'institut Henri-Poincaré, à quelques minutes à pied de Normale Sup', les figurants prennent place dans les gradins en chuchotant. Les ressorts des strapontins grincent. Nous sommes le 3 mai 2022, septième jour de tournage du *Théorème*, pour la scène-clé du séminaire. Sur l'estrade, la comédienne suisse Ella Rumpf, âgée de 27 ans, incarne le rôle-titre. La jeune femme balaie l'assemblée de ses yeux verts tachetés d'éclats noirs, concentrée. Son regard croise celui d'Ariane, en retrait, qui lui fait un petit signe d'encouragement. Marguerite s'apprête à présenter les résultats de quatre années de recherche, consciente que la moindre fausse note risque de fragiliser sa réputation et son avenir.

Jean-Pierre Darroussin s'assied dans les gradins arborant un air impérial. Quelques rangs derrière lui, Julien Frison, de la Comédie-Française, endosse le rôle de Lucas, le nouveau doctorant aux dents longues, fraîchement débarqué d'Oxford. « *Silence demandé* », « *moteur demandé* », « *ça tourne* ». Un machiniste clape le numéro de la séquence devant la caméra, avant de s'extirper. « *Action !* », lance Anna, penchée sur le combo, qui transmet l'image et le son.

Les regards convergent vers Ella, qui adopte une posture timide et introvertie, très loin de ses précédents rôles d'escort dans la série *Tokyo Vice* de Michael

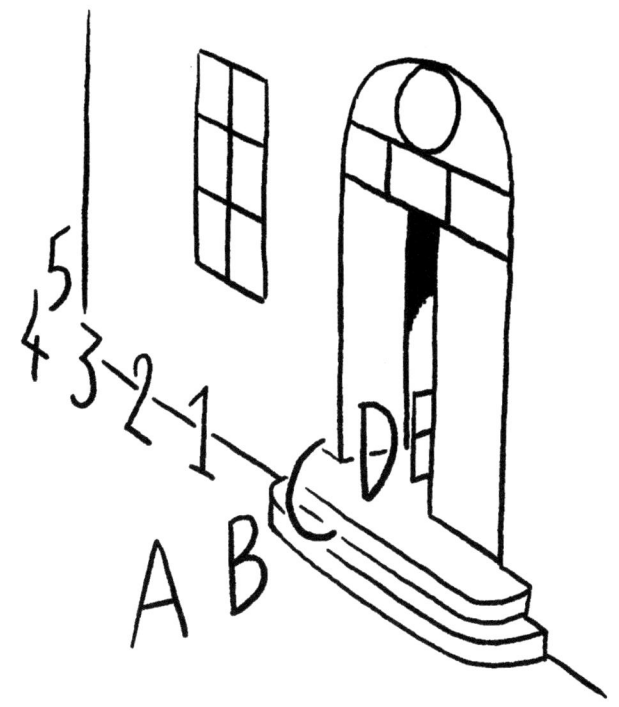

Mann ou d'héritière dans *Succession* de Jesse Armstrong. Épaules voûtées, regard bas, elle dodeline de la tête, ajuste ses lunettes sur son nez, écarte un rideau de cheveux gras, puis annonce d'un ton assuré : « *Je vais vous présenter mes travaux sur les progressions arithmétiques dans les ensembles finis d'entiers. Je commence par l'énoncé du théorème de Szemerédi.* »

Volte-face vers le tableau noir, la comédienne dégaine une craie. Dans un bruit de crépitement, sa main déroule des volées d'équations, blanc sur noir, tandis que la caméra la suit en travelling. Chaque tiret, chaque parenthèse, chaque virgule comptent. Ariane veille. En cas d'erreur, il faudra tout reprendre, puisque la scène est filmée en plan-séquence. Rapidement, les six tableaux sont couverts de lemmes mystérieux. Les premières questions des chercheurs fusent. Laurent Werner / Darroussin couve la chercheuse d'un regard protecteur. Marguerite savoure la puissance de sa démonstration, son visage s'éclaire. Quand soudain, Lucas décèle une faille… Les figurants se mettent à s'agiter – réaction qu'avait

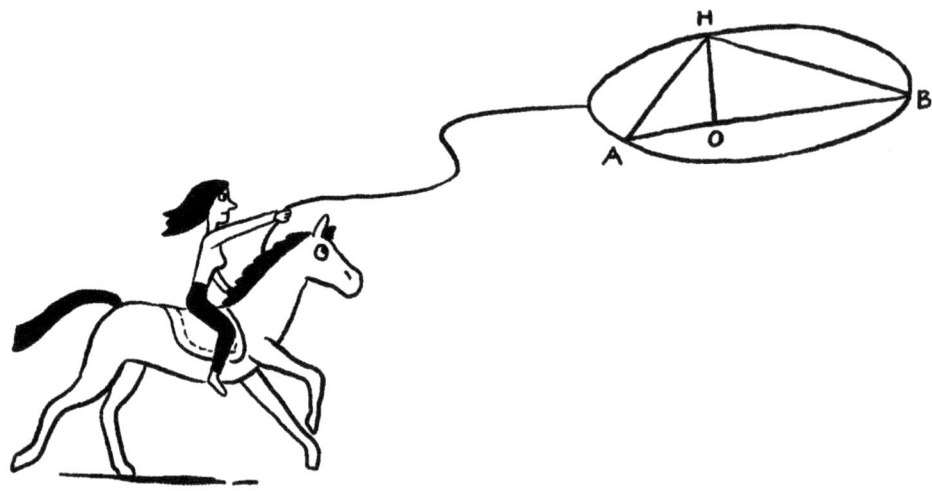

suggérée Ariane pour ce moment crucial. La caméra tourne autour de Marguerite, qui prend conscience de son erreur. Le temps est comme suspendu.

« Coupez ! » Anna Novion regarde Ella, le pouce levé. Puis Ariane. La mathématicienne est embarrassée. Il manque une parenthèse dans la dernière équation, il faut refaire la prise. L'équipe technique se remet en place.

« Quand elle tombait, je la rattrapais »

Quelques semaines avant le début du tournage, Ella Rumpf a pris des cours particuliers à l'ENS avec Ariane. Mais les leçons ont basculé en visio quand elle a dû remplacer une comédienne au pied levé dans un autre film, tourné en Islande. *« Je jouais le rôle d'une influenceuse qui passe son temps en maillot de bain et Moon Boot dans la neige ! Ça amusait beaucoup Ariane de me voir ultramaquillée, avec des faux cils immenses et des ongles super longs, répéter des lignes de chiffres. »*

Ella Rumpf, qui a suivi un cursus d'art dramatique à Londres, doit retenir des kilomètres d'équations et acquérir le bon geste, le bon tempo. *« Je ne connaissais rien aux maths, Ariane m'a expliqué la structure des équations. Je galérais à apprendre les formules par cœur. Il fallait les recopier, encore et encore. À la moindre erreur, elle me faisait tout recommencer comme une répétitrice. "Plus vite", "ta parenthèse est trop courte", "ton E est trop petit", "là, c'est presque parfait". Progressivement, c'est rentré, et sur le plateau, je me suis étonnée moi-même. On me donnait une nouvelle formule, je la copiais trois fois et c'était bon. »*

« C'est comme si je lui avais appris à galoper, alors qu'elle ne serait jamais montée sur un cheval de sa vie. Quand elle tombait, je la rattrapais, et quelques semaines plus tard, elle chevauchait avec un air de tueuse à gages », souffle la professeure, encore stupéfaite par la prestation de son élève. Elle découvre l'endurance nécessaire pour passer outre les moments laborieux, quand un imprévu, une bafouille, un souci technique ruine une séquence. Et au contraire, l'effet énergisant d'un moment de grâce sur toute l'équipe. Le côté glamour de la création cinématographique en prend un coup. Ariane réalise que la solitude de la

recherche mathématique dépourvue des contraintes matérielles et humaines, a ses avantages.

Le lendemain de la scène du séminaire, Marguerite retrouve Laurent Werner dans son bureau pour une scène de confrontation. Romain Branchereau et Anthony Gauvan, deux chercheurs de l'école, se sont portés volontaires pour venir en renfort de l'équipe décor. Jean-Pierre Darroussin arrive tôt. Il veut écrire lui-même une partie des équations qui apparaîtront sur son tableau noir en arrière-plan. Son interprétation du professeur *old school* réjouit Ariane : « *C'est un vrai caméléon*, remarque-t-elle. *D'une prise à l'autre, il prend l'initiative de changer de couleur, tour à tour inquiétant, obséquieux, paternaliste, tout en nuances…* »

Dans ce décor, le comédien se revoit lui-même étudiant au Conservatoire national supérieur d'art dramatique de Paris. « *On y vivait comme à l'ENS, dans une sorte de couvent, très protégés. Mon professeur Marcel Duval était mon mentor, une figure de père pour moi et pour beaucoup de mes camarades. Il ne nous transmettait pas un savoir précis, mais plutôt un esprit, une façon d'être.* » Ariane lui a longuement décrit sa propre relation à ses étudiants et aux doctorants. Ils s'accordent sur un point : au théâtre comme en mathématiques, chaque élève doit affirmer sa singularité et s'émanciper de son maître. « *Quand on entre à Normale Sup', on est encore dans l'enfance, on est juste bon en maths*, constate Ariane. *C'est ici qu'on peut passer à l'âge adulte et commencer à créer.* »

« Peu à peu, je me suis sentie à ma place »

Plus le tournage avance, plus la conseillère prend confiance. Elle connaît le scénario sur le bout des doigts, chaque personnage, chaque rebondissement, chaque ligne de dialogue. Un jour, catégorique, elle refuse que la fin d'un dialogue mathématique entre Marguerite et Lucas soit escamotée. Cet échange est primordial, on ne peut pas faire plus concis, la chercheuse l'a testé avec son propre fils, retournant le problème dans tous les sens.

Dans cette scène, le doctorant aux dents longues téléphone à Marguerite, et lui apprend que, malgré l'erreur dans sa thèse, ses travaux ont ouvert une piste pour prouver le théorème de Szemerédi. Il veut la convaincre de cosigner une publication scientifique avec Laurent Werner et lui. Anna Novion s'était déjà demandé si on pouvait alléger cet échange à l'écriture. Elle avait imaginé que Julien Frison donnerait la réplique au téléphone et se contenterait de lire ce texte complexe lors des enregistrements

de post-synchronisation. Mais pour Anna, il faut le voir à l'écran, c'est plus fort. Julien Frison doit apprendre son texte en entier, notamment la dernière phrase, difficile à prononcer. En quelques minutes. Le comédien s'isole, lit plusieurs fois, rapidement. Et dès la première prise, déroule la démonstration

avec naturel, en concluant sa salve mathématique par l'expression ardue : *« On prend pour poids pseudo aléatoire une fonction de Mangoldt tronquée ! »* Marguerite lui raccroche au nez. Ariane, qui retenait son souffle, jubile.

Mais le plateau ne lui suffit bientôt plus. Alors elle furette, explore le hors-champ. Observe le travail de la maquilleuse et de la costumière, installées dans son bureau transformé en loge pendant quelques jours. Admire l'aplomb de la cheffe machiniste, pour qui aucune mission n'est impossible. Échange avec le cuistot de la cantine du plateau, lui-même fasciné par les mathématiques. *« Pour moi, qui ai l'habitude de travailler seule, c'était très émouvant de voir toute une équipe tendue vers un seul et même objectif. Peu à peu, je me suis sentie à ma place, j'assurais ma partition et, dans les moments de relâche, tout le monde était très accessible. »*

Après le décor de l'école, l'équipe investit un appartement exigu de Bagnolet. Marguerite s'installe en colocation avec une danseuse de hip-hop, interprétée par Sonia Bonny. Ariane est bientôt rappelée sur le plateau. Progressivement, les mathématiques envahissent tout l'espace mental de Marguerite, et physique de l'appartement. Toute l'équipe est couverte de poussière de craie. Il fait extrêmement chaud en ce mois de mai dans cette tour des années 1970. La promiscuité et la fatigue pèsent sur le moral de la troupe, qui multiplie les scènes de nuit et les journées à rallonge. Ariane découvre que tout mouvement intempestif ou sonnerie d'interphone chez les voisins peut ruiner une prise. Les techniciens du son déploient une énergie folle pour l'éviter. Parfois, un fou rire nerveux gagne la chercheuse et l'équipe cachée dans la cuisine qui essaie d'être la plus discrète possible. Chaque séquence réussie est vécue comme une petite victoire.

Le talkie-walkie se met à grésiller, l'assistant réalisateur appelle en urgence : *« Il manque des maths, le chef op' veut un contre-champ, on a besoin d'Anthony et Romain sur le plateau tout de suite ! »* Les deux mathématiciens qui patientaient dans les loges – un appartement situé dans le même immeuble trois étages au-dessus – dévalent les escaliers quatre à quatre. *« Ça ne nous arrive jamais, dans notre quotidien, les maths, ce n'est jamais urgent ! Mais là, il fallait combler le vide immédiatement, en un claquement de doigts ! C'était intense.* » Un soir où il manque des brouillons, Romain noircit aussitôt des pages et des pages de feuilles A4. Elles seront punaisées sur les murs. Car Marguerite s'enfonce dans l'obsession mathématique et se met à écrire sur tout ce qui lui tombe sous la main. Ariane souffle alors l'idée de tracer des équations sur des feuilles de lasagnes crues et sur le papier toilette. « *Certaines personnes sont venues me demander si je faisais cela chez moi ?!* s'exclame Ariane en ouvrant les bras, amusée. *Quand même !* »

« Vous avez changé ma vie »

De plus en plus, alors que le rythme s'accélère, Anna Novion se tourne vers la conseillère, pour des avis qui vont bien au-delà des mathématiques. « *À plusieurs reprises, j'ai senti que je n'avais plus de recul. Mais je savais que je pouvais compter sur le regard d'Ariane.* » Notamment pour la séquence la plus ardue : une dispute entre Marguerite et Lucas, l'ambitieux doctorant. La réalisatrice demande à son chef opérateur de prendre la caméra à l'épaule pour capter la colère des comédiens au plus près, et, au combo, à Ariane d'observer l'échange. Le duo s'affronte devant les équations gravées sur le mur telles des hiéroglyphes dans du granit noir. « *Tout le monde était en nage, à cran, on naviguait à vue. Après plusieurs prises, je me suis tournée vers Ariane pour lui demander si elle pensait qu'on avait la scène. Je faisais confiance à 100 % à sa très grande sensibilité.* » La mathématicienne sait à quel point l'échange a été réfléchi, elle rassure Anna, pour elle, tout est là.

Le dernier jour de tournage, dans l'ultime décor – un magnifique amphithéâtre baigné par la lumière du soir –, Anna Novion improvise une petite cérémonie pour remercier son équipe. À chaque personne, elle remet un livre qui correspond à sa personnalité et glisse un mot reconnaissant, suivi des applaudissements de l'assemblée, fébrile après ces cinq semaines harassantes. Quand vient le tour d'Ariane, elle tombe dans les bras de la réalisatrice et, extrêmement émue, laisse échapper timidement : « *Vous avez changé ma vie.* »

« Sur scène, j'ai fait un malaise de mémoire »

Dans *Le Théorème de Marguerite*, **Jean-Pierre Darroussin** joue le directeur de thèse qui s'accapare les résultats de son élève mathématicienne. Issu d'un milieu modeste, le comédien a commencé fâché avec l'école, pour devenir boulimique de connaissances. Il raconte à *XXI* son rapport au savoir et à l'apprentissage.

Comment, enfant, appreniez-vous vos leçons ?
À l'époque, on apprenait tout par cœur. Je n'ai pas souvenir que cela me posait de difficulté, car je dois avoir une sorte de mémoire photographique héritée de mon père. J'ai encore en tête des résumés de manuels scolaires d'histoire, avec leurs petites illustrations, comme le baptême de Clovis à Reims par l'évêque Rémi en 498 ! Je me souviens aussi de répliques du *Malade imaginaire* de Molière, que j'avais joué en CE2. Ça m'avait bien plu, et puis tout un tas de poésies, par cœur toujours.

Quel était votre rapport aux mathématiques ?
J'étais très bon en calcul mental, mais pour le reste… Je capte assez bien aujourd'hui, ce qui n'était pas spécialement le cas quand j'étais à l'école. Pour *Le Théorème de Marguerite*, j'ai rencontré plusieurs mathématiciens, dont Ariane Mézard, bien sûr. J'ai notamment échangé avec un chercheur qui travaille sur les probabilités de la génétique. C'est passionnant et vertigineux de comprendre les séquences du génome et d'arriver à mettre en équation les probabilités du vivant. Il y a des tas de domaines dans lesquels les mathématiques vous ouvrent la tête, vous ouvrent l'esprit.

Vous êtes issu d'une famille modeste, vous avez grandi à Courbevoie, avec un père ouvrier étameur et une mère au foyer. Que lisiez-vous dans votre jeunesse ?
Je lisais surtout *Pilote*, j'épluchais *Télé 7 jours* dans le détail – les programmes, les résumés des films, les interviews – et puis la presse sportive : le cyclisme surtout – dans *Le Miroir des sports*. Mon apprentissage s'est beaucoup fait grâce à la lecture de la presse.

Vous êtes-vous interdit certaines études ?
Pendant longtemps j'ai pu envisager de devenir professeur d'histoire, mais comme je me suis fait virer du lycée avant le bac, pour dégradation de matériel, je n'ai pas pu embrasser une carrière universitaire. Dans notre bande, le seul qui l'ait eu, c'est Robert [Guédiguian, ndlr]. À l'époque, le bac n'était pas essentiel. On ne cherchait pas à mettre tout le monde à l'université. Comme je n'avais pas encore 18 ans, je ne pouvais pas travailler. Je suis entré dans une école qui formait aux métiers d'art pour devenir commissaire-priseur ou expert. J'ai passé énormément de temps au Louvre pour analyser le travail sur poteries d'Andokidès, un peintre grec du VIe siècle avant J.-C. Mais je ne suis même pas allé jusqu'à la fin de la première année. À la majorité, j'ai commencé à exercer des tas de petits boulots : livreur, maître-nageur, puis j'ai travaillé avec mon père au-dessus des cuves.

Jean-Pierre Darroussin sur le tournage du *Théorème de Marguerite*.

Qu'est-ce qui vous a décidé à devenir comédien ?

J'avais fait du théâtre au lycée. J'avais mis en scène *Les Femmes savantes* de Molière. Mais, là encore, à un moment donné, je ne suis plus allé en cours. Je traînais chez mon ami Patrick [Bonnel, ndlr]. On était en roue libre totale ! En parallèle de nos petits boulots, on travaillait pas mal avec le centre de loisirs de la ville de Courbevoie. Une année, on a retapé un lieu pour en faire un café-théâtre. Cette fois, je jouais, avec Patrick. On a repris *Les Hussards* de Pierre-Aristide Bréal, et des pièces de René de Obaldia. On a même effectué notre première tournée en Bretagne. Après ça, je suis entré au Cours Florent, c'était un défrichage, une équipe chaleureuse qui mettait en confiance. Puis j'ai rejoint la « Rue Blanche » [l'École nationale supérieure des arts et techniques du théâtre, ndlr], où j'ai préparé le concours du Conservatoire avec un metteur en scène pédagogue extra – Jean-Louis Martin-Barbaz – et j'ai été reçu.

> Je n'annote pas les textes que je dois apprendre, pour que ça ne vienne pas polluer ma vision photographique et ma mémoire.

Comment mémorise-t-on un long texte au théâtre ? Avez-vous des techniques ?

Répéter, répéter, répéter. Je n'annote pas les textes que je dois apprendre, pour que ça ne vienne pas polluer ma vision photographique et ma mémoire. Donc répéter, oui, et aussi comprendre très intimement, adhérer au texte pour y coller, le ressentir. Car s'approprier un texte, ça va aussi avec la composition du personnage. Après, le texte sort, automatiquement. Sous la douche souvent, parfois dans le métro ! En tout cas, sur scène, je me laisse guider par la chorégraphie, le déroulé des scènes, des enchaînements et des séquences. Après les représentations, j'oublie assez vite le texte. Ma mémoire ne s'en encombre pas. Quand on reprend la tournée, il me faut trois ou quatre jours de répétition pour qu'il revienne. En fin d'année, on va partir en tournée avec *Le Principe d'incertitude*. Là, tout de suite, je serais incapable de sortir une réplique, mais le jour où je me remets dans le bain, paf ! c'est reparti, avec une forme d'automatisme, comme si j'étais extérieur à moi-même.

Éric Ruf, de la Comédie-Française, dit qu'il peut apprécier un trou de mémoire, un oubli sur scène, parce que ça suscite l'intérêt immédiat du public. Est-ce votre cas ?
C'est sûr que ça crée immédiatement une fébrilité dans le public ! L'incertitude engendre une tension. Pour moi, c'est très rare, mais ça m'est arrivé avec *Rimbaud en feu*, un long monologue, écrit sur mesure par Jean-Michel Djian. J'étais seul en scène, personne ne pouvait me venir en aide, me donner la réplique. Dans les coulisses, l'équipe était en panique. C'était une salle énorme de 900 places sans sonorisation. Je m'étais donné à fond pendant les deux premières parties, et pour le troisième acte, je n'avais plus de force. Mon cerveau s'est débranché, quoi ! Je n'avais pas eu le temps de dîner avant. Je suis resté sur scène. Comme je jouais le rôle d'un fou, je ne crois pas que le public s'en soit rendu compte. Mais à ce moment-là, j'étais vraiment fou. J'étais accroché à ma mémoire. Parfois des morceaux entiers revenaient. J'ai dit à peu près le sens. Mais j'ai vraiment fait un malaise. Un malaise de mémoire, quoi.

Ce type de malaise ne peut pas se produire sur un plateau de cinéma. Quel rapport entretenez-vous au texte au cinéma ?
Ce n'est pas le même apprentissage. Souvent au cinéma, vous n'apprenez même pas le texte. Surtout si le dialogue est court et assez naturaliste : il faut rester un peu frais. C'est pour ça que, pour moi, c'est important de me confronter régulièrement à la performance théâtrale, non pas en tant que performance, mais parce que vous allez explorer des zones, de mémoire, du cerveau, des émotions, de vous que vous ne connaissez pas. Il y a un dépassement de soi. Alors qu'au cinéma, c'est toujours assez contenu, on vous demande de faire ce que vous savez faire. Le cinéma, c'est un art de la tricherie permanent, de l'illusion, vous n'êtes pas en représentation. Et puis le résultat du travail de l'acteur dépendra énormément du montage. Alors qu'au théâtre, le travail de l'acteur dépend de l'acteur lui-même ! Même quand vous jouez tous les soirs le même texte, ce n'est jamais la même chose : ça dépend de votre journée, d'une inspiration soudaine. On apprend à se servir de l'imprévu. Il faut l'accueillir, se mettre en disposition.

Ariane Mézard dit que le tournage du *Théorème de Marguerite* a changé sa vie. Est-ce qu'il y a une expérience qui vous a marqué à ce point ?
J'ai le souvenir d'une expérience incroyable. Je travaillais sur une pièce avec le metteur en scène Roger Planchon, un homme fantastique, généreux. Et une des comédiennes de la troupe nous a invités à assister à un spectacle qu'elle avait monté avec des enfants autistes. Ils avaient écrit des séquences, et d'autres étaient improvisées. En tant que spectateur, vous vous retrouviez dans un slalom, c'était dément. Les enfants avaient un tel engagement dans le jeu ! Vous ne saviez pas s'ils allaient être capables d'aller jusqu'au bout, vu la difficulté pour un autiste d'être en représentation. Vous sentiez le travail dans le cerveau, la prise de

> S'approprier un texte permet de composer le personnage. Après, il sort automatiquement. Sous la douche souvent, parfois dans le métro !

risque permanente. Vous étiez sous tension. Vous vous disiez : *« Waouh, est-ce qu'il va y arriver ?! »*, *« Ouf, ça passe ! »* C'est une de mes plus grandes expériences de théâtre. On échangeait des regards avec Planchon, on était en larmes tous les deux.

Le film d'Anna Novion montre le rapport entre un directeur de thèse et sa doctorante, où le premier est censé accompagner la seconde. Avez-vous connu un rapport maître-élève équivalent ?
Au Conservatoire, Marcel Duval était mon mentor. Il était une figure de père pour moi et pour beaucoup de mes camarades. Il nous aidait à trouver en nous une façon de nous concentrer, de ne pas lâcher, d'alimenter notre ténacité. On faisait des exercices de mise à distance. On se demandait quel signe envoyer au spectateur à travers notre gestuelle, nos costumes, notre phrasé. Ça m'a toujours beaucoup amusé. Dans ma génération, nos profs étaient des metteurs en scène. On testait le théâtre brechtien, la méthode Stanislavski et celle de l'Actors Studio, où l'acteur devient le personnage de façon presque pathologique. On apprenait à être des metteurs en scène de nous-même.

Avez-vous déjà rencontré des profs ou des metteurs en scène très durs ?
Au cinéma, je n'ai eu qu'une seule expérience négative, où une personne était très difficile avec l'équipe. Moi-même, j'ai été plutôt épargné, mais le tournage s'est vraiment mal passé. À une époque, le fait de torturer les acteurs était bien vu, les créateurs avaient la possibilité d'exercer leur pouvoir pervers, parce qu'il fallait s'estimer heureux de travailler avec eux. Ça a totalement disparu. L'impunité est finie. Aujourd'hui, les metteurs en scène qui se comportent mal commencent à être blacklistés par le CNC, les financeurs, les chaînes de télé. Sur chaque tournage, maintenant, il y a un ou deux référents harcèlement et c'est une très bonne chose. On dit aussi qu'un acteur est meilleur s'il se sent protégé par la mise en scène. Un acteur malmené va peut-être produire un accident créatif par-ci par-là, mais c'est tellement plus intéressant quand vous donnez de vous-même de bon cœur. Vous allez encore plus loin.

PROPOS RECUEILLIS PAR CLOTILDE DE GASTINES

À lire, à voir

Je suis… Sophie Germain
d'Anne Boyé et Christine Charretton
éd. Jacques André, 2017

Effacée de l'histoire des mathématiques, parce qu'elle était une femme, Sophie Germain était une autodidacte née un peu avant la Révolution française. Ce livre rend hommage au courage et à l'opiniâtreté de la première grande mathématicienne française.

Madame Einstein
de Marie Benedict
éd. Presses de la cité, 2018

Seule femme de sa promotion à l'École polytechnique fédérale de Zürich, la jeune Serbe Mileva Marić rencontre un étudiant juif farfelu, aux cheveux ébouriffés, Albert Einstein. Ensemble, ils élaborent une pensée scientifique géniale.

Les Figures de l'ombre
de Margot Lee Shetterly
éd. HarperCollins, 2017

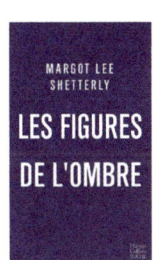

Trois mathématiciennes afro-américaines ont joué un rôle déterminant dans la réussite des premiers vols spatiaux. Le père de l'autrice travaillait comme chercheur au Centre de recherche Langley de la NASA.

Vous reprendrez bien un peu de maths ?
de Claire Lommé
éd. Retz, 2022

Le nombre pi, les fractales, l'infini et les grands nombres, ce manuel ludique décrypte des curiosités mathématiques. L'autrice, elle-même enseignante dans le secondaire, souffle un vent de gaîté sur les mathématiques.

UN BOLI MALIEN DANS UN MUSÉE
PARISIEN FAIT FUIR DES EMPLOYÉS,
TANDIS QUE DES VESTIGES
ARMÉNIENS ATTIRENT ET EFFRAIENT
DES PILLEURS TURCS À LA
RECHERCHE DE TRÉSORS. ET SI
LES ESPRITS VENAIENT RAPPELER
UN PASSÉ
QUI NE PASSE
PAS ? DE VIEILLES HISTOIRES DE
PATRIMOINE PILLÉ PAR LES COLONS,
OU DE GÉNOCIDE QUI NE VEUT
PAS DIRE SON NOM… DES HISTOIRES
APPAREMMENT OUBLIÉES,
QUI REFONT SURFACE
SOUS FORME DE MAUVAISES
ONDES, DE DJINNS, VOIRE DE
LAPINS AUX YEUX HALLUCINÉS.
ENQUÊTES ENTRE HISTOIRE,
SCIENCE ET GÉOPOLITIQUE.

38 —— Enquête — Le fantôme du Quai Branly
58 —— Reportage — Les trous de la fortune

Illustration : Amandine Urruty

Le fantôme du Quai Branly

DANS LES ENTRAILLES DU MUSÉE PARISIEN, UNE STATUETTE MALIENNE EFFRAIE. LES ESPRITS QUI L'HABITAIENT SONT-ILS ENCORE VIVANTS ? QUE DIT L'ANALYSE SCIENTIFIQUE ? ENQUÊTE SUR LES TRACES DU BOLI, SYMBOLE DU PILLAGE DE L'AFRIQUE, QUI FASCINE MÊME LES PLUS CARTÉSIENS.

Par Pierre Carrey
Illustrations Olivier Bonhomme

La première fois que j'ai entendu parler de ces statues qui bougent et qui jettent des sorts, de cette manière qu'elles ont de nous fixer dans le dos, c'était grâce à une femme de ménage qui travaillait au musée. Elle ressentait quelque chose. Surtout lorsqu'elle traversait certaines salles d'exposition, comme le vaste plateau des collections africaines. La tension atteignait son paroxysme dans une alcôve de l'aile nord, côté Seine. Au creux d'une reproduction de caverne, là où les visiteurs ne tiennent qu'à trois ou quatre, et à peine debout. Ici, la préposée au nettoyage accélérait la cadence, tête rivée au sol, pour ne pas voir l'objet irrigué de lumière, au bout de la pénombre. Une statuette sans yeux mais au regard aspirant : le boli.

Ce que ces visiteurs apprennent au musée du Quai Branly – Jacques-Chirac, à Paris, au gré de panonceaux peu fournis, c'est que ces créatures obsédantes sont originaires du Mali, des anciens royaumes bambaras – ou bambas –, et qu'elles sont fabriquées, vénérées, regardées comme dotées de vie, craintes comme des monstres. Qu'elles sont gardées par des sociétés secrètes, derrière des remparts de terre sèche, hérissés de créneaux, caractéristiques de ces villages du Sahel. Les statues ont la vague apparence d'un caillou. D'un homme. D'une bête à quatre pattes, avec une bosse entre les omoplates – peut-être un buffle, ou un chameau, voire un cheval, ce boli est tous les animaux dans une seule peau.

Le point commun de ces petits fétiches réside dans la matière qui les compose. Ni bois, ni pierre, ni métal : cette croûte brune, épaisse, craquelée, provient du sang. Rituel après rituel, les statues ont été nourries aux sacrifices de chèvres, de poulets, plus rarement d'êtres humains, prisonniers de guerre égorgés dont on ne perdait aucune goutte. Plus elles sont grosses, plus elles ont bu… Chez les Bambaras, il est interdit de parler à voix haute en leur présence, pour ne pas exciter leur force irradiante, le nyama. Comme il est interdit aux femmes, enfants et hommes non initiés, de les regarder. Ou de chercher à connaître leurs recettes de fabrication. S'il se réveille, le boli est capable de tuer.

Transporté sur le sol européen, placé dans les cages de verre des musées, cet objet surnaturel est-il toujours actif? En veille? Débranché? La question se pose pour la quasi-totalité des 300 000 pièces conservées au Quai Branly, façonnées au sein de sociétés animistes, aux Amériques, en Afrique, en Asie, en Europe ou en Océanie. De la plus petite poulie de métier à tisser jusqu'aux totems amérindiens hauts de quatorze mètres, chaque objet a été imaginé par ses artisans, artistes, prêtres, rois ou sorciers comme étant relié à l'au-delà ou à un univers parallèle. Abritant un dieu, une puissance de la nature, l'esprit d'un ancêtre… Ce qui fait dire à l'architecte Jean Nouvel, que son musée est *« un endroit chargé, habité »*. Conservateurs, restaurateurs, historiens de l'art partagent régulièrement ces impressions, tout comme des visiteurs – ils étaient un peu plus d'un million en 2022, faisant du musée le quatrième le plus fréquenté à Paris, après le Louvre, Orsay et Pompidou. *« Vibrations »*, *« magnétisme »*, *« magie »*, *« âme »*, *« présence »*… Qu'ils soient connaisseurs ou profanes, ils utilisent les mêmes mots. Or, surprise, des scientifiques prêtent aujourd'hui oreille à ces convictions intimes.

Scruter les restes

Le musée du Quai Branly – Jacques-Chirac possède son spécialiste des fantômes, embauché à temps plein. Philippe Charlier est directeur du département de la recherche et de l'enseignement depuis 2018. Trois experts en un : médecin, archéologue et anthropologue. Qui cohabitent grâce au ciment médiatique, émissions de Stéphane Bern ou de France Culture à l'appui. Voilà quelques années, *Libération* l'a photographié dans un cercueil – en bon état de conservation, puisqu'il est né en 1977 et, apparemment, encore de ce monde. La presse écrit qu'il *« fait parler les morts »* ou plutôt *« les corps »*. Ses recherches ont longtemps porté sur des êtres bien vivants, détenus en maison d'arrêt ou migrants en attente de papiers, et sur des dépouilles à disséquer, soit à la demande des autorités judiciaires – deux mille gens du commun emportés dans des conditions suspectes ou violentes –, soit pour satisfaire des enquêtes historiques et médiatiques – il a scruté les restes d'Henri IV, de Napoléon et même d'Hitler. Mais aujourd'hui, le chercheur se passionne pour les spectres, comme il l'exorcise dans une récente *Autopsie des fantômes, Une histoire du surnaturel* (éd. Tallandier, 2021).

Son bureau dispose d'un jardin vertical qui pousse sur le mur ; l'arrosage automatique percole à heures fixes. Gazon de barbe, lunettes rondes, gilet intemporel dans les teintes amande, il a des airs d'archéologue anglais de la grande époque. Philippe Charlier répète mon interrogation : *« Les fantômes ? »* Sourit : *« Bien sûr qu'ils existent. »* Avant d'ajouter, anticipant mon trouble : *« Pour ceux qui y croient. »* Il l'a étu-

« Il est extrêmement difficile de trouver une civilisation qui ne reconnaît pas l'existence des fantômes. Peut-être parce qu'ils sont d'une grande utilité aux vivants. »

PHILIPPE CHARLIER ANTHROPOLOGUE

dié, « *il est extrêmement difficile de trouver une civilisation qui ne reconnaît pas leur existence. Peut-être parce qu'ils sont d'une grande utilité aux vivants* ». Voilà le docteur sur sa lancée. Débit hyper-rapide d'un homme hyperactif, et un accent curieusement suisse, neutre et suave. Il tient à mettre les choses au clair : « *Je m'intéresse aux mythes sur les fantômes, aux croyances qui les entourent, pas à la réalité de leur existence. L'ambition de l'anthropologie est d'étudier l'émergence, la circulation, le croisement et la persistance des croyances. Pour être tout à fait honnête, je me fiche de ce qu'il y a derrière, je ne mène pas des enquêtes policières.* » Le musée du Quai Branly abrite-t-il ses revenants comme, dans le feuilleton des années 1960, le Louvre était hanté par son Belphégor ? Faut-il prendre ces histoires au pied de la lettre ? Philippe Charlier assure ne jamais avoir « *entendu parler de cette femme de ménage terrifiée par les boliw* » – le fétiche prend un « w » au pluriel. Avant d'ajouter, dans une intonation plus suisse que jamais : « *Mais, au fond, c'est ce qu'ils sont censés être, terrifiants, non ?* »

Yeux crevés

Pour avancer dans la forêt épaisse du musée du Quai Branly, il faut longer un chemin ondulé, entre de faux murs en torchis, qui relie « les arts et civilisations » des cinq continents. Le plateau africain s'ouvre sur la gauche. Gardé par une allée de masques. Une vingtaine d'âmes suspendues au ciel comme des planètes. Des bouches plissées, des yeux crevés. Hormis un masque juju, subtilisé au peuple bamiléké, du Cameroun, traits relâchés et presque souriants, l'assemblée des esprits foudroie l'intrus qui passe. L'un des plus courroucés est cet autre visage taillé par les Bamilékés, selon les principes du culte kouh ghan, ébouriffé de vrais cheveux, armé d'authentiques dents prêtes à rire et à mordre. Charlier a beau m'avoir intimé de « *désapprendre* », de ne pas penser « *en matière de peur* », les images de films d'horreur affluent, obsessions, réminiscences. Masques d'épouvantails, masques de zombis, masques martyrs du *Cri* de Munch...

Je cherche l'alcôve au boli, mais la créature qui s'y cachait a été retirée des « boîtes » en 2021, remplacées par des sculptures en pierre de Sierra Leone. Je cherche aussi la femme de ménage qui s'est sentie autrefois tourmentée par la statue quadrupède. C'est un autre employé qui m'a parlé d'elle, pour l'avoir régulièrement observée et pour l'avoir questionnée sur sa peur. Peur que de tels objets puissent se retrouver à la vue du public, lui avait-elle glissé. Dans l'écho assourdi des visites guidées, elle avait entendu que cette famille de fétiches était grumelée de sang ; qu'un esprit avait élu domicile à l'intérieur ; qu'il pouvait jeter des sorts. Elle s'interrogeait à partir de ses propres origines ouest-africaines. Pas forcément d'ascendance malienne, pas nécessairement experte des boliw, elle se disait cependant familière des masques sacrés qui, dans de nombreuses cultures, peuvent être utilisés pour lancer des malédictions.

À défaut de retrouver ce témoin bouleversé, j'ai pu m'entretenir avec une autre femme de ménage, qui parle, elle, d'un lieu qui serait par nature hanté : le musée, un coffre à mémoires, rempli de disparus. Répondant pendant sa pause déjeuner, elle

raconte que l'endroit « *fait un peu peur au début* ». L'obscurité qui fronce avec le soir, quand on marche seul entre les processions de statues, finit par donner de drôles d'idées. Et puis il y a ce bruit de fond un peu bizarre, ce « *zzzz* » insaisissable : « *On dirait des enfants qui chantent.* » Mon interlocutrice assure : « *Avec le temps, on s'habitue.* »

À Londres, les employés du British Museum éprouvent eux aussi un frisson subtil sur leur lieu de travail. Une poignée se sont confiés au chanteur et conteur américain Noah Angell, qui a publié ces tranches d'histoire orale dans un petit livre (*Ghost Stories of the British Museum*, éd. Tenderbooks, 2018), avant-goût d'un ouvrage plus épais à paraître en 2024. Ces femmes et ces hommes exercent pour la plupart des emplois techniques, comme si petits diplômes, bas salaires ou faible statut social favorisaient la discussion sur le paranormal. À moins que ces guides et agents d'entretien ne soient davantage en alerte parce qu'ils ont un accès direct aux œuvres et au public, contrairement aux cadres qui restent dans les bureaux. Ils rapportent des « *incidents* », parmi lesquels une boule lumineuse se promenant sur les images de vidéosurveillance. Un veilleur de nuit raconte qu'un jour, il a pointé son doigt devant un fétiche nkisi, un chien à deux têtes, hérissé de clous, venu de la culture kongo, dans l'actuelle République démocratique du Congo. Sitôt l'index brandi, l'alarme incendie s'est déclenchée. La scène se serait reproduite en présence du frère du gardien, appelé comme témoin… Dans certains cas, une enquête a permis d'élucider les faits, comme en 2013, pour cette statuette égyptienne antique qui pivotait « *toute seule* » dans sa vitrine : un ingénieur a fini par démontrer que les vibrations provenaient du métro londonien. Mais, bien souvent, les énigmes demeurent suspendues.

Même chez les collectionneurs privés, les légendes d'œuvres africaines maudites pullulent. À Dakar, c'est l'histoire d'un masque punu qui pleurait du sang la nuit, derrière ses paupières closes ; le propriétaire sénégalais a d'abord attribué cette vision à une soirée arrosée mais, au petit matin, il a découvert des gouttelettes rougeâtres au pied de la sculpture. À Paris, tel galeriste a été sommé de reprendre des têtes jivaros après la mort brutale de son client, emporté par un cancer en quelques jours ; sitôt les momies rapatriées au magasin, elles ont été détruites par un camion qui a foncé dans la vitrine. À New York, chez l'avocat et collectionneur Michael Rips, une statuette rituelle se déplaçait seule la nuit, selon son épouse. Il s'agissait d'un boli…

Ces témoignages ont été compilés par les sociologues qui ont étudié le marché de l'art, comme Rolande Bonnain, Julien Bondaz ou encore le duo de chercheuses Monique Jeudy-Ballini et Brigitte Derlon : il en ressort une fascination mêlée d'effroi pour les objets venus d'Amérique latine, d'Afrique subsaharienne et d'Océanie.

Philippe Charlier le reconnaît. Il a lui aussi assisté à ce genre de manifestations inexplicables et inexpliquées. Il les a même recherchées, comme une expérience scientifique ultime, qui le ferait passer du statut d'observateur à celui de centre des événements. C'était il y a plusieurs années, quand il se faisait initier au vaudou, près d'Abomey, au Bénin, une religion autant qu'une phi-

> L'obscurité, quand on marche seul entre les processions de statues, finit par donner de drôles d'idées. Et ce bruit de fond un peu bizarre, ce « zzzz » insaisissable : « On dirait des enfants qui chantent. »

losophie, qui postule que *« les morts ne sont pas morts »*. Dans son livre *Vaudou* (éd. Plon, 2020), il raconte son initiation : un essaim d'abeilles décolle pendant le prêche, un arbre s'abat quand l'autorité religieuse dénonce la présence de spectateurs impurs… Le scientifique a également entendu, toujours au Bénin, l'un de ses copains discuter au téléphone avec un aïeul, mort depuis quinze ans. Le défunt avait une voix métallique et un numéro masqué. Une autre fois, en République démocratique du Congo, son smartphone s'est mis à réagir bizarrement au contact d'une statuette de culture lega : l'appareil affichait qu'il était en charge, comme si l'objet sacré servait de prise électrique…

Alors, faut-il forcément croire aux fantômes pour en voir ? Si Charlier narre avec un zeste de provocation ses incursions aux limites du rationnel, il continue de clamer qu'il ne croit pas aux esprits : *« Je demeure cartésien et athée. Mais ces expériences ajoutent un filtre sur ma perception du monde, comme un calque sur Adobe Illustrator. Je ne perçois plus l'environnement ou les objets comme inertes, mais comme faisant partie d'un flux continu, entre l'homme, la nature et les dieux… »* Je repense ici à la théorie des cordes, invoquée par d'autres sources, contactées pour parler d'arts africains et de leurs supposés pouvoirs occultes. Selon ces principes de physique fondamentale, il y aurait plus de trois dimensions spatiales dans notre univers, dont certaines seraient repliées sur elles-mêmes, passant inaperçues à nos échelles. D'où l'idée d'un espace plus étendu que le nôtre, avec des dimensions cachées que nous ne pourrions pas distinguer, et dans lesquelles d'autres réalités existeraient… Dès la fin des années 1980, de nombreux chercheurs se sont penchés sur ce modèle.

Sollicité par des clients pour expurger leur maison des *« mauvaises ondes »*, un radiesthésiste du Sud-Ouest de la France confie son expérience : *« S'il y a des masques – africains, indonésiens, etc. –, je les teste systématiquement. J'en ai déjà vu qui émettaient des ondes nocives. Les masques sont comme n'importe quels objets, ou comme les murs d'une maison : dans les lieux dans lesquels il s'est passé quelque chose de dramatique – un viol, une mort violente –, ils prennent la négativité des faits, ils sont chargés. »*

Fonctions vitales

Philippe Charlier, lui, nourrit sa propre théorie. Système de pensée en gestation, dont il consent à livrer un aperçu. Le chercheur désigne une bête à bosse, près de son bureau, achetée avec ses deniers, qui lui donne de l'inspiration pour écrire et lui tient compagnie. Son boli. *« N'y voyez pas de mauvaise plaisanterie, mais penchez-vous et regardez entre les fesses. »* Je m'exécute, stupéfait, le nez soudain à hauteur d'un anus miniature. L'entité la plus sacrée du Sahel ramenée à un animal ordinaire ? C'est tout l'inverse, selon le docteur ès fantômes : cette capacité de digestion atteste que la statue est bel et bien vivante. Certainement qu'il existe, dans le museau, une gueule qui permet d'ingérer des gouttes d'eau et de très fins morceaux de viande, mais les strates de sang et de terre la rendent invisible. Selon ce que les ethnologues savent de la fabrication des boliw, cette bouche est vraisemblablement reliée à un cylindre de roseau, qui se termine par une tuyère de pipe. Ces faux

« S'il y a des masques, africains, indonésiens ou autres, je les teste systématiquement. J'ai déjà vu chez des gens des masques aux murs qui émettaient des ondes nocives. »

UN RADIESTHÉSISTE DU SUD-OUEST DE LA FRANCE

Les boliw « représentent une sorte d'extrême. Ce sont parmi les objets les plus sacrés au monde, les plus dangereux, les plus beaux. Ils sont vivants, moléculairement vivants. »

JOHANN LÉVY MARCHAND D'ART

intestins sont présents à l'intérieur d'autres fétiches africains, par exemple ceux créés par la population songye, en République démocratique du Congo.

Pour en avoir le cœur net, l'ancien médecin légiste a pratiqué « *une autopsie virtuelle* », grâce à un scanner d'hôpital. Philippe Charlier, avec huit autres chercheurs du Quai Branly, a publié les résultats dans la revue *Forensic Imaging* de mars 2020. Depuis, il a identifié d'autres fonctions vitales simulées sur des sculptures africaines : la transpiration (par exsudation d'une huile végétale introduite dans le bois) et la croissance (par ajout continu de matière). Les boliw cumulent deux de ces capacités biologiques : ils digèrent des aliments et leur corps grandit. Mais certains portent en eux des secrets encore plus lourds, comme ce spécimen qui sommeille dans les profondeurs du musée.

Percer le secret

Cet autre fétiche bambara est pétri du même sang et de la même pâte que le boli qui effrayait l'employée de ménage, mais il inspire une peur encore plus grande, car il semble humain, presque humain, dressé sur deux moignons de pieds. Et toujours ce visage sans yeux. Il a les bras écartés comme des tenailles. À se demander s'il veut repousser celui qui ose le regarder en face, ou au contraire l'agripper par la manche. Son ancien propriétaire, le marchand d'art français Johann Lévy, aujourd'hui installé en Thaïlande, l'a baptisé « *Le Fantôme* ». Il l'a acheté à un peintre américain, l'a vendu, racheté, revendu. Les boliw sont une des « *amours terrifiées* » de sa vie. Ces objets la lui ont probablement « *sauvée* », quand il a affronté un deuil très douloureux à la mort de sa première femme. « *Ils représentent une sorte d'extrême*, me dit-il par téléphone, secret au premier abord, puis inarrêtable. *Ce sont parmi les objets les plus sacrés au monde, les plus dangereux, les plus beaux. Ils sont vivants, moléculairement vivants.* »

Pendant près de trente ans, Lévy a constitué sa collection. En 2009, il dédie une fête gigantesque à ses joyaux en croûte de sang, une exposition dans sa galerie de Saint-Germain-des-Prés. L'ancien président Jacques Chirac serait venu voir les bestioles à deux reprises. Jusqu'alors, aucun musée dans le monde n'avait consacré une telle rétrospective à cette catégorie d'objets. Pour l'occasion, Lévy publie un livre à compte d'auteur, une bible païenne préfacée par Daniel Cordier, marchand d'art et historien, autrefois secrétaire particulier de Jean Moulin. Chaque pièce de sa galerie y est disséquée en texte et en images, puisqu'un ingénieur nommé Sylvain Ordureau les a soumises au scanner pour déterminer les matières chimiques employées. En ordonnant ces analyses d'une précision encore jamais osée, Lévy a commis « *la profanation ultime* » pour les Bambaras : tenter de percer le secret de la composition exacte des boliw.

Au sein de cette population du Sahel, autrefois implantée le long du fleuve Niger, les recettes se transmettaient sur les lits de mort des devins. Une poignée d'anthropologues avaient néanmoins établi qu'au centre de chaque boli se trouvait un noyau, composé de cordelettes, de cailloux ou de morceaux de bois. Ils avaient appris que, outre le sang de poulet ou de chèvre, la mixture utilisée pour les sacrifices, déversée couche par couche, incorporait des dizaines de particules différentes. Cheveux, poils, fragments d'os, cornes, griffes, écailles de reptile, placenta. Racines, écorces, bouillie de mil, feuilles de kola mâchonnées et recrachées. Étoffe de linceuls ou des pagnes funéraires. Terre extraite de lieux symboles : le cimetière, le puits, la porte de la première maison bâtie dans la communauté, l'intersection entre deux routes… Chaque ingrédient était réduit en poudre, puis pétri avec l'eau des sources sacrées. Le boli concentre des éléments vivants ou morts, représentant tous les règnes de l'univers – minéral, végétal, animal et humain.

Devenu télescope le temps de la dissection de la galerie Lévy, le scanner accouche d'images spatiales hypnotiques, dans lesquelles chaque boli devient une galaxie éclaboussée d'astres et d'étoiles, une nuit paisible trouée de comètes et de poussières qui flottent dans le cosmos. Ici, des matières distinctes, des amas, des trous noirs, des voiles traînant leur halo de lumières aveuglantes. Là, une tête d'épingle d'un blanc hurlant : c'est un débris d'os. Puis c'est au tour du « *Fantôme* », le boli à silhouette humaine. Le spécimen contient des cornes d'antilope sous ses deux bras grands ouverts. Mais il y a autre chose qui scintille, localisé dans la tête du fétiche. Un morceau de crâne de fœtus humain, âgé de trois ou quatre mois, contenant encore de la matière cérébrale.

Johann Lévy se souvient d'avoir sursauté quand il l'a vu. Certes, les récits collectés par les ethnologues faisaient état d'ossements à l'intérieur des boliw – de fous, de suicidés, de villageois tués par la foudre. Le collectionneur en tenait désormais la preuve. Il s'est promis de protéger à moitié le secret dans son livre, publiant les photos où un œil averti peut déceler une parcelle de squelette, mais restant évasif dans les textes ; la nature des « *matières organiques* » qui ont servi à modeler la statue n'est pas détaillée. Il craignait de faire passer les Bambaras pour des sauvages. Le verdict du scanner apparaît cependant, quelques secondes furtives, dans un documentaire d'Arte, *Boli du Mali*, réalisé en 2010 par Jean-Loïc Portron.

C'est dans cette opacité relative que le musée du Quai Branly achète l'extraordinaire statuette en 2009 – pour une somme confidentielle. « *Le Fantôme* » est joyeusement renommé *Boli dansant*. Depuis, les conservateurs ne manquent pas une occasion de parler des cornes d'antilope, qui donnent aux bras leur forme. Mais aucune mention du fragment d'os du bébé mort-né. Quand, début 2023, j'interroge l'institution sur ce silence, le service communication répond que « *les équipes en interne n'ont pas connaissance de la présence d'un crâne de fœtus humain* ». Pas de fantômes, pas de femmes de ménage apeurées, rien de gênant dans les boliw… Deux cérémonies animistes ont toutefois été pratiquées en 2022 dans l'enceinte du musée pour « *désacraliser* » des objets de culte.

À huis clos

Sentant qu'ils étaient convoqués par les esprits, des devins ont sauté dans l'avion pour Paris. Cloches, tambours et robes précautionneusement rangés dans les bagages en soute. Un rituel a été célébré le 27 juin

Le boli contient des cornes d'antilope. Mais il y a autre chose qui scintille, localisé dans la tête du fétiche… Un morceau de crâne de fœtus humain.

Le fantôme du Quai Branly

2022, par des chefs religieux et politiques du Cameroun, représentant les Bamendous, membres du royaume bamiléké. Dans la capitale française, ils ont retrouvé le masque tukah qui leur avait été retiré dans les années 1950 et qu'ils estimaient toujours mû par ses forces occultes. Ils ont apporté une copie de ce chef-d'œuvre, considérée comme dénuée de pouvoir. La cérémonie s'est tenue à leur demande – car le musée, institution publique et laïque, n'a pas vocation à entrer en contact avec l'au-delà – dans une salle fermée au public. Les deux masques placés côte à côte. Même masse énorme qu'il a fallu soulever sur une civière, joues et front bombés sous une couronne de six lézards. L'objet d'origine devait transmettre sa force vitale au modèle le plus récent. « *On aurait dit une transfusion sanguine virtuelle* », se rappelle Philippe Charlier, assis dans l'auditoire.

Les incantations ont eu lieu devant un public restreint, dont le président du musée, Emmanuel Kasarhérou, puis elles se sont déroulées derrière des paravents en osier, qui ont laissé filtrer des éclats de chants et de prières – leur signification, tout comme la langue employée, étaient hermétiques aux non-initiés. La dernière étape imposait d'évacuer la salle, pour laisser officier les prêtres seuls. Les Bamendous sont repartis satisfaits d'avoir chargé le jeune masque et transformé l'ancien modèle en « *coquille vide* », ont-ils déclaré au site camerounais 237online.com. Que les Français conservent des fétiches, soit, mais les anciens colons ne doivent pas retenir en captivité les esprits, qui ne leur seront d'aucune utilité et qui peuvent même se retourner contre eux.

Même lieu de culte, quatre mois plus tard. Cette fois, ce sont des prêtres traditionnels ivoiriens qui sont venus au chevet d'un « *tambour parleur* ». Jadis, le cylindre long de trois mètres, orné d'un lion-panthère, permettait de propager sons et rythmes sur plusieurs kilomètres, comme autant de messages codés. L'État français, qui se l'est accaparé, a proposé aux populations d'origine de se réapproprier un petit peu de leur ancien instrument, un siècle plus tard, en leur demandant leur avis sur des travaux de restauration – les parties basses de la structure en bois étaient endommagées. Les Bidjans ont accepté la pose de résine de synthèse, à une condition : ne pas commencer tant que l'esprit encore vivant ne serait pas retiré. Ainsi donc, le 7 novembre 2022, des représentants de sept villages de Côte d'Ivoire ont procédé à sept danses autour du tambour. Entonnés à huis clos, les chants et prières se sont entrelacés pendant une dizaine de minutes, raconte Pierre Firtion, de Radio France internationale (RFI), l'un des rares journalistes admis ce jour-là. Mission accomplie : l'esprit du tambour a été placé en sécurité, dans un compartiment du monde invisible, connu des prêtres seuls. Et l'objet a pu être restauré.

Les boliw du Quai Branly, eux, risquent d'attendre longtemps la visite de leurs anciens gardiens. Le « *Fantôme* » devenu *Boli dansant* a quitté le plateau des expositions permanentes à la faveur d'un changement de vitrine. L'autre, celui à quatre pattes, objet d'effroi pour les femmes de ménage, a aussi été extrait de sa « boîte » quelques semaines en 2018 pour des raisons de « *conservation*

Deux cérémonies animistes ont été pratiquées en 2022, dans l'enceinte du musée, pour « désacraliser » un masque et un tambour. Les objets, devenus « coquilles vides », ont été délestés de leurs esprits.

préventive », puis définitivement en 2021, parce que le taux d'air et d'humidité menaçait sa carapace très fragile. Surtout, il faut bien dire que ce boli à quatre pattes est devenu un paria. Lui qui fut naguère la fierté des collections coloniales françaises : pièce emblématique du musée de l'Homme, au Trocadéro, transportée en fanfare à New York en 1984, prêtée au centre Pompidou de Metz en 2015… Il est aujourd'hui un symbole du pillage de l'Afrique.

Non seulement un sujet d'intrigue pour un opéra contemporain, *Le Vol du boli*, donné en 2020 au théâtre du Châtelet, à Paris, sur une idée du chanteur britannique Damon Albarn, dans une mise en scène du cinéaste mauritanien Abderrahmane Sissako. Mais aussi et surtout, une œuvre prioritaire sur la liste de plus de 1 600 objets mal acquis par la France, selon le rapport sur la restitution du patrimoine africain, cosigné en 2018 par le philosophe sénégalais Felwine Sarr et l'historienne de l'art française Bénédicte Savoy. Dans son discours de Ouagadougou, au Burkina Faso, le 28 novembre 2017, Emmanuel Macron disait souhaiter le retour des pièces accaparées aux pays qui en feraient la demande. Le 27 février 2023, il appelait au vote d'une loi pour clarifier les critères de restitution.

Dans ses catalogues, conférences et communications, le musée admet le périple scandaleux de sa sculpture numéro 71.1931.74.1091.1. Fabriqué à la fin du XIXᵉ siècle ou au début du XXᵉ par un artisan inconnu dans un sanctuaire dévolu au culte du Kono, ce boli à quatre pattes a été dérobé par le poète et ethnographe Michel Leiris.

L'écrivain en personne confesse son geste et ses remords, dans *L'Afrique fantôme*, journal de son expédition scientifique entre Dakar et Djibouti. Le vol a été commis dans la nuit du 6 au 7 novembre 1931, au village de Dyabougou, dans l'actuel Mali. Leiris écrit être d'abord déçu par son trophée, *« une sorte de cochon de lait, toujours en nougat brun (c'est-à-dire sang coagulé) qui pèse au moins 15 kilos »*. Une semaine plus tard, l'aventurier change d'avis. Il sent que l'œuvre palpite : *« Je crois avoir volé le feu… »*

Perte de pouvoir

Il n'est pas impossible qu'un jour, la statue revienne dans son berceau cependant. Derrière ses murs de terre crue. Au milieu de ses fidèles. Le Musée national du Mali qui, à terme, est censé la recevoir des mains de la France, a coutume de faire circuler ses œuvres, les prêtant aux populations traditionnelles, pour les besoins de cérémonies. Encore faut-il que la procédure de restitution progresse, dans un contexte de quasi-rupture diplomatique entre Paris et son ancienne colonie. Le départ des soldats français en août 2022, après neuf années d'opérations anti-terroristes, le mépris affiché par les autorités maliennes pour la France et leur soutien appuyé à la Russie, ont obstrué les canaux de négociations.

Encore faut-il également que le culte du boli continue de prospérer. *« Il a été terrassé par l'histoire coloniale et néocoloniale, du moteur à essence jusqu'à la digitalisation,* s'alarme Johann Lévy. *Dans les années 1990 déjà, les anciens des villages se disaient soulagés de me transmettre leurs boliw en échange de pick-up*

La statuette est devenue un symbole du pillage de l'Afrique. Sujet d'intrigue pour un opéra contemporain, mais aussi et surtout œuvre prioritaire sur la liste des plus de 1 600 objets mal acquis par la France.

> « Dans les années 1990 déjà, les anciens des villages se disaient soulagés de me transmettre leurs boliw en échange de pick-up assez robustes pour circuler dans la brousse. »
>
> **JOHANN LÉVY** MARCHAND D'ART

assez robustes pour circuler dans la brousse. » Le docteur Philippe Charlier pense de son côté que la fin des offrandes entraîne l'inexorable décès des boliw : « *Les statues grecques ont subi le même sort, dès le moment où le christianisme s'est diffusé, au premier siècle de notre ère.* » L'anthropologue ajoute qu'en Afrique, « *de nombreux objets sacrés perdent leurs pouvoirs et leurs esprits, une fois abandonnés dans la brousse ou la forêt* ». Endommagements accidentels, agression de termites, déménagements et héritages tourmentés, transformation en jouets pour enfants, apparition ou réapparition de croyances concurrentes : les occasions de se séparer d'un boli ne manquent pas.

Le retour de l'islam au Mali et son implantation solide placent les cultes animistes sous pression. Les adeptes sont traités d'infidèles, mais certains ont choisi de maintenir leurs rites, y compris les moins discrets, ceux qui réclament de battre le tambour et de faire danser les masques. La peur des attentats terroristes n'a pas eu raison du boli, même si les environs de leur ancienne capitale, Ségou, ont été plusieurs fois pris pour cible en 2022 : mitraillage des populations à l'aveugle, saccage des habitations et des récoltes… Retardant l'échéance de sa disparition, le boli reprend même quelques forces inattendues dans les rues de Bamako. Des statues de fabrication récente, originaires de Guinée voisine, y sont vendues par des « antiquaires », bénies par des « tradithérapeutes » qui refusent d'endosser le titre de prêtre ou devin, mais font couler de temps en temps du sang de volaille, aux limites de la parodie.

Pour savoir ce que les derniers connaisseurs authentiques du boli ont sur la conscience, j'ai contacté un intercesseur, l'anthropologue Jean-Paul Colleyn. Ce professeur à l'École des hautes études en sciences sociales (EHESS), auteur des textes de l'extraordinaire anthologie de Johann Lévy, est un familier du Mali depuis plus de cinquante ans. L'un des rares étrangers à avoir gagné la confiance des devins. Au cours de ses livres, articles et films, il divulgue plusieurs de leurs secrets et, en contrepartie, accepte de ne pas révéler certains détails. En somme, Colleyn dissipe autant le mystère qu'il l'alimente. Je l'ai sollicité par téléphone. La ligne était mauvaise. Plaisantant, mais à moitié seulement, il a suggéré : « *Ce sont des choses qui arrivent souvent lorsque l'on évoque les objets forts…* »

Morts violentes

J'ai repensé aux récits de morts violentes non élucidées dans les anciens royaumes bambaras. L'historienne de l'art américaine Sarah Brett-Smith, professeure émérite de l'université Rutgers, se souvient qu'elles étaient encore nombreuses dans les années 1970. L'autopsie était impraticable, tant l'état des chemins retardait le médecin venu de la ville et la chaleur accélérait la putréfaction des corps. Sur les formulaires officiels, ces disparitions demeuraient imputées à un vague arrêt du cœur. Les victimes, disait-on, avaient déplu à un boli. Il pouvait même s'agir du propriétaire, qui n'aurait pas traité sa statue avec assez d'égards, aurait oublié de la nourrir ou aurait osé s'en séparer. Les femmes étaient tout particulièrement désignées, le boli voyant en elles une espèce concurrente dans le pouvoir de donner la vie et, pire, des « *sorcières* » en puissance, affairées à tuer des bébés.

Ces morts étaient décrétées à huis clos. Au nom du fétiche. Après le vote, le meilleur guérisseur préparait un poison versé dans le porridge du condamné.

Un groupe d'hommes assis sur les racines d'un arbre noueux et des herbes brûlées par le soleil. Ce sont des initiés au culte du Kono, les descendants des protecteurs des boliw. Ils s'interrogent. Les pièces détenues dans des musées occidentaux sont-elles encore les leurs? Sont-ils choqués que des techniciens les exposent derrière une paroi en verre, les manipulent pour leur appliquer des traitements de conservation? L'énergie surpuissante du nyama est-elle toujours active à l'intérieur? Invoquant des motifs de sécurité, Jean-Paul Colleyn ne nomme pas le village où il a tourné ces images en 2010. Selon lui, ces questions restent d'actualité pour la dernière génération des devins. Sur l'écran, un homme jette à un autre: « *Si [le boli] t'attrape, il peut te tuer, tu le sais…* » Les visages prennent un air grave et, plus étrangement, des sourires entendus. Il y a dix ans, avant de soumettre ses boliw au scanner, Lévy avait demandé à Colleyn d'obtenir l'accord des gardiens d'antan. « *Ils ne sont pas très inquiets,* fait remonter le chercheur. *Ils pensent que nous sommes naïfs de vouloir apprendre quelque chose grâce à une radiographie. Pour eux, il nous reste encore beaucoup à découvrir.* »

Eux connaissent la clé des disparitions brutales décidées par le boli. Leurs ancêtres la leur ont transmise. Ces morts, en réalité, étaient décrétées par la confrérie. À huis clos. Au nom du fétiche. Après le vote, le meilleur guérisseur préparait un poison, à base de plantes, venins d'insectes, de reptiles ou de poissons de mer éventuellement noyés dans du sang de coq rouge, et les gouttes étaient ensuite versées dans le porridge de mil du condamné, dans une absolue discrétion, par un camarade de travail, ou un membre de la famille. La cible succombait en l'espace de trois à quinze jours. Emportée par une crise cardiaque ou dans une lente agonie, dans une illusion de décès naturel. Une opération qui pourrait expliquer que le boli, témoin presque malgré lui de morts et autres violences, donne envie de baisser le regard, même des décennies après?

À des milliers de kilomètres du musée du Quai Branly qui accueille ces reliques hantées, Mingoro Sanogo, géomancien, lit l'avenir d'après la position au sol des cailloux qu'il a lancés en l'air. Il a déjà participé à la confection des boliw. C'est un assistant de Jean-Paul Colleyn, son défricheur, son interprète, qui lui a permis de pénétrer dans des sociétés très verrouillées. Sur les images du documentaire, Sanogo l'affirme: les boliw sont éternels. « *Il suffit d'un seul sacrifice pour ranimer les choses qui sont là-dedans. Nous, on ne dit pas qu'il meurt mais qu'il dort. Il dort… Quand on a besoin de lui, on peut le réveiller. On peut ressusciter ce "truc", sans mentir. Même si c'est cent ans après.* »

« Le musée est une création étrangère à l'Afrique »

Daouda Keïta, directeur du Musée national du Mali depuis 2019, invite à une réflexion sur la restitution et la circulation des biens culturels.

XXI Il existe 6 910 œuvres et objets pris au Mali, conservés au musée du Quai Branly, à Paris, selon le rapport sur la restitution du patrimoine culturel africain, cosigné en 2018 par l'historienne de l'art française Bénédicte Savoy et le philosophe sénégalais Felwine Sarr. Aujourd'hui, combien de pièces demandez-vous pour rétrocession à la France ?

Le processus d'enquête scientifique est en cours. En 2022, j'ai passé deux mois au musée du Quai Branly, pour retracer l'histoire, connaître les circonstances et le mode d'acquisition de 1 657 biens culturels maliens, collectés par l'ethnologue Marcel Griaule dans les années 1930. Toutes les pièces n'ont pas été pillées, certaines proviennent de dons ou d'achats, même si, naturellement, dans un contexte colonial, les forces en présence n'étaient pas sur un pied d'égalité. Il est certain qu'une grande partie de ces biens ont été acquis sans le consentement des propriétaires. Mais nous devons statuer au cas par cas.

Où en êtes-vous dans la restitution de ce patrimoine ?

C'est une opération de longue haleine. En 2018, à la suite de la publication du rapport Sarr-Savoy, le ministère de la Culture malien a organisé un atelier de réflexion, qui a débouché sur une demande officielle auprès du gouvernement français, le 27 décembre 2019, portant sur la totalité des biens conservés dans les collections publiques ainsi que privées. La France n'y a pas donné suite. Mais nous continuons à travailler. Quoi qu'il en soit, nous devons mettre en place un calendrier progressif, dans un cadre de partenariat et de collaboration. En parallèle des restitutions, le Musée national du Mali envisage des dépôts ou des prêts d'objets. Nous avons connu une première collaboration fructueuse en 2011, quand le Musée national du Mali a présenté l'exposition *Ciwara* [masques traditionnels à tête d'antilope, ndlr]. Les objets nous avaient été prêtés par le Quai Branly. En retour, nous pouvons envisager les prêts ou les dépôts des biens culturels maliens dans les musées étrangers. Je suis attaché à la notion d'« objets ambassadeurs » : ces biens peuvent être la vitrine culturelle de nos pays à l'étranger, notamment auprès de notre diaspora. Plus largement, nous devons réfléchir à la circulation des biens culturels.

Si les œuvres circulent, cela veut dire que Bamako devrait par exemple exposer des œuvres de la Renaissance italienne ou de l'impressionnisme ?

À titre d'exemple, le musée des Civilisations noires de Dakar a organisé une exposition Picasso en 2022. Il faut continuer ce genre de projets, pour favoriser le dialogue des cultures.

Où en sont vos négociations avec les collectionneurs privés ?

Nous essayons de les sensibiliser et de les informer car, dans leur cas, la restitution ne peut se faire que sur la base du volontariat. Nous disons à ces collectionneurs ou galeristes qu'ils détiennent des éléments essentiels de notre identité. Certains ont déjà accepté de nous les rendre. C'est l'une des retombées du processus de restitution entre États : une prise de conscience peut s'installer à tous les niveaux de la société.

Certains opposants aux restitutions font valoir que l'instabilité politique d'un pays mettrait les œuvres en danger. Alors que le Mali a connu plusieurs coups d'État depuis 2012, que répondez-vous à ces allégations ?

En 2022, 921 objets de l'époque pré-islamique saisis par les douanes américaines ont été restitués au Musée national du Mali.

Nous abritons plus de 12 000 objets d'art et nos collections s'agrandissent chaque année. Depuis le début de la crise sécuritaire, le musée n'a jamais été contraint de fermer ses portes. Mon inquiétude porte plutôt sur le pillage des sites archéologiques. L'an passé, les États-Unis ont procédé au « retour » de 921 objets maliens de l'époque pré-islamique qu'ils avaient saisis en douanes. À leur retour à Bamako, nous avons organisé une cérémonie et une exposition de ces biens culturels.

Les pillages sont-ils toujours d'actualité ?
Malheureusement, oui. Et lorsque les objets sont volés, détruits ou retirés de leur contexte historique, ils sont souvent perdus à jamais. Ils sont considérés comme « muets ».

Existe-t-il un musée africain, ou du moins malien, qui se différencierait du modèle occidental ?
Le musée est une création étrangère à l'Afrique. Mais je m'inscris en faux lorsque j'entends que les cultures africaines ne savent pas ou ne veulent pas entretenir leurs biens culturels. Au Mali, les sociétés traditionnelles conservaient certains objets dans les bois sacrés ou dans les vestibules des habitations, et ils pouvaient les restaurer à l'aide de plantes, écorces et autres matières naturelles. Au Musée national du Mali, nous avons lancé une étude pour améliorer nos méthodes de conservation, qui intègrent à la fois des produits de synthèse, comme dans les musées occidentaux, et des protocoles traditionnels maliens, qui ont parfois des effets moins invasifs sur les objets. Nous travaillons avec l'objectif que le peuple malien s'approprie son musée. La culture est le seul socle qui permette à une communauté de se développer. Nous voulons être un musée vivant, un espace de cohésion sociale. Nous avons assez besoin de cela au Mali.

PROPOS RECUEILLIS PAR PIERRE CARREY

> « Malheureusement, les pillages sont toujours d'actualité. Et lorsque les objets sont volés, ils sont perdus à jamais. »

3 statuettes vers l'au-delà

Une grande partie des **300 000 objets** conservés au musée du Quai Branly ont été conçus comme des passeurs vers des mondes invisibles.

POUR RESTER FIDÈLE (NIGERIA)
Bouche grande ouverte dans un hurlement muet et éternel, ce masque de guerrier ejagham est destiné à inspirer la terreur. À la veuve notamment, ainsi sommée de rester fidèle à son défunt mari. Ce masque de deuil, porté par un danseur lors des rituels funéraires dans la région de la rivière Cross (Nigeria), est fabriqué à partir de crâne humain et de cuir d'antilope. La peau de l'animal tué renforce les liens avec l'au-delà. De même que la « charge magique », incarnée par des morceaux de bois ou de fer souvent cachés à l'intérieur de ce type d'objet, pour garantir des pouvoirs surnaturels.

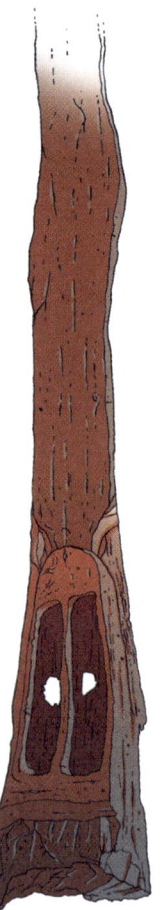

RASSURER LE VEUF (CÔTE D'IVOIRE)
Et si les soucis des hommes dans la vie quotidienne étaient un signe de mécontentement ou de détresse que leur envoyaient leurs épouses restées dans le « blolo », cette vie antérieure, cet univers parallèle dont nous sommes tous issus ? Chez les Baoulés, en Côte d'Ivoire, pour apaiser une femme de l'au-delà, il faut sculpter une statue à son effigie (telle qu'on essaie de se la rappeler…). Puis habiller la statue, la parfumer, dormir avec, quitte à répudier pendant quelque temps son épouse du monde terrestre. Ces fétiches existent en version masculine, époux de l'outre-monde.

PERPÉTUER LA TRADITION (MALI)
Le grand masque des Dogons, en forme de serpent, contient l'« âme » du tout premier ancêtre de ce peuple dans l'actuel Mali. Extraordinairement longue de douze mètres, la sculpture est taillée pendant sept ans et renouvelée tous les soixante ans, remplacée par une copie. Les serpents qui ne sont plus en service font l'objet de funérailles. Ils sont alors déposés dans une caverne, sur les crânes des prêtres et danseurs qui les ont veillés. Même « morts », les grands masques inactifs demeurent « vivants » ; leur esprit diminue en intensité mais ils restent toujours considérablement puissants.

À lire, à voir

Les statues meurent aussi
film de Chris Marker, Alain Resnais et Ghislain Cloquet, 1953

« *Quand les hommes meurent, ils entrent dans l'histoire. Quand les statues sont mortes, elles entrent dans l'art. Cette botanique de la mort, c'est ce que nous appelons la culture.* » Les premiers mots donnent le ton d'un film (censuré pendant onze ans) sublime, métaphysique, anticolonialiste, en prime, poétique, qui déboulonne notre regard sur l'art africain.

Le rhinocéros d'or, Histoires du Moyen Âge africain
de François-Xavier Fauvelle
éd. Alma, 2013

Cet inattendu best-seller a permis d'éclairer le passé, trépidant et foisonnant, de l'Afrique, d'un royaume à l'autre.

L'art africain
de Jacques Kerchache, Jean-Louis Paudrat, Lucien Stephan
éd. Citadelles & Mazenod, 2008 (rééd.)

Toujours une référence pour connaître les formes, les styles et le sens des œuvres sur le continent.

Recettes des dieux, Esthétique du fétiche
de Nanette Jacomijn Snoep, Jean-Paul Colleyn, et al.
éd. Actes Sud, 2009

À la découverte d'objets moins lisses que les masques. Fabriqués à partir de clous, ossements, sang séché et sensations fortes.

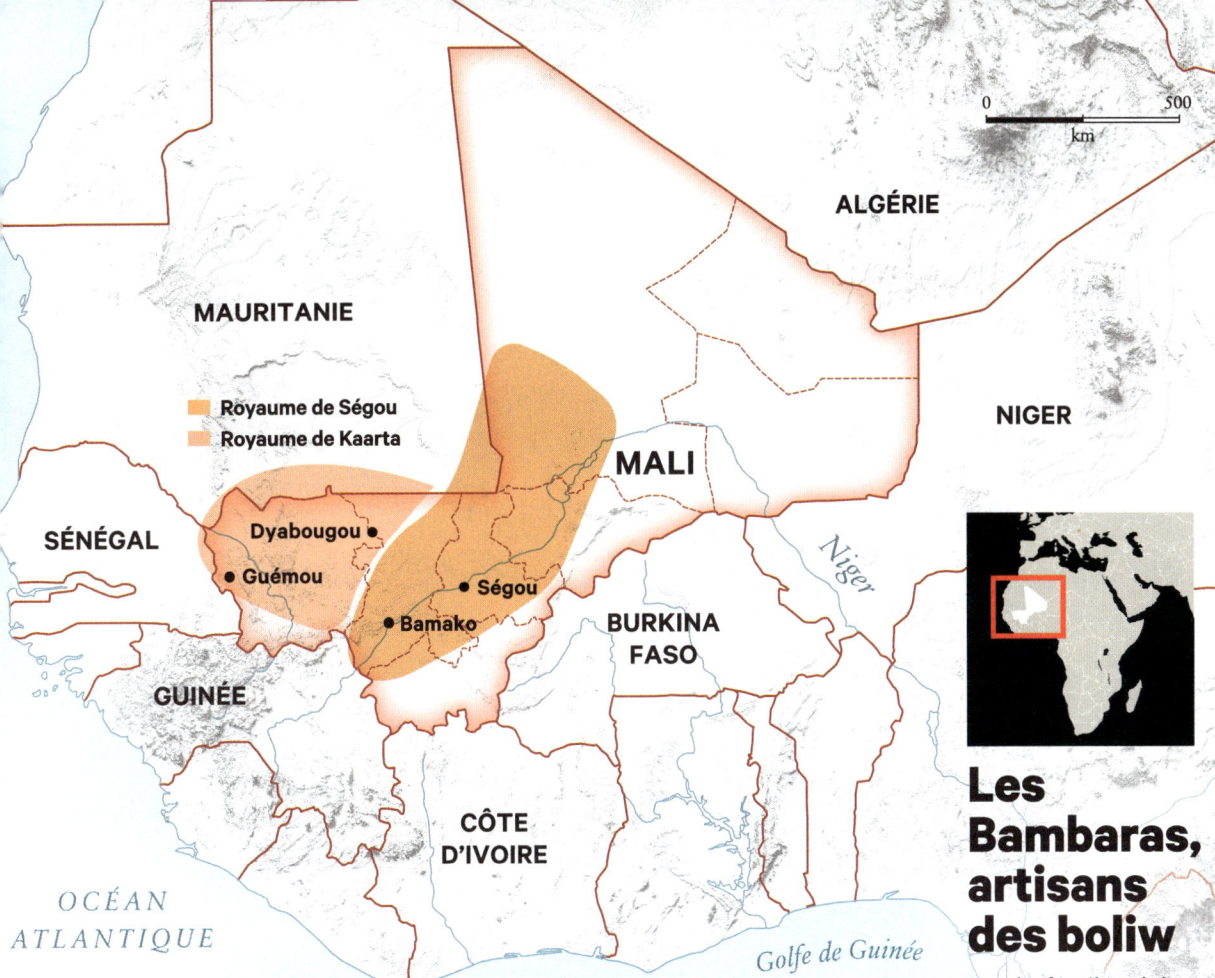

Simulation de vols

Le musée du Quai Branly – Jacques-Chirac, cible des activistes en faveur de la restitution des œuvres à l'Afrique ? Le 12 juin 2020, Emery Mwazulu Diyabanza, fondateur du Front multiculturel anti-spoliation, retire de son socle un poteau funéraire d'origine tchadienne exposé dans le musée, et fait mine de le voler, en criant *« on le ramène à la maison ! »* Le 22 octobre de la même année, il décroche une sculpture au pavillon des Sessions, l'enclave du Quai Branly située dans l'enceinte du musée du Louvre. Sauf que la pièce ne provient pas d'une région d'Afrique, mais d'Indonésie... Lors de ses deux tentatives, l'activiste ne dégrade aucun objet et se laisse intercepter par la sécurité. Il a signé le même genre de *happening* au musée d'Arts africains, océaniens, amérindiens de Marseille et à l'Afrika Museum de Berg en Dal, aux Pays-Bas. Celui qui a été condamné à une amende en France pour *« vol aggravé »* a depuis changé de stratégie, ne touchant plus aux œuvres. Il préfère désormais tourner des vidéos de dénonciation dans les musées, qu'il diffuse sur les réseaux sociaux. Il s'est attaqué en 2022 au Musée national de la République démocratique du Congo, son pays de naissance, accusant l'institution d'être une *« prison coloniale »* pour les biens culturels. Depuis 2020, le Quai Branly n'enregistre plus d'esclandre médiatique. Mais l'institution parisienne reste sur ses gardes. Son président a reçu, fin 2020, l'autorisation du conseil d'administration de poursuivre en justice tous ceux qui porteraient *« atteinte aux collections nationales »*. P. C.

Les Bambaras, artisans des boliw

Dans les frontières de l'actuel Mali, les Bambaras (ou Bambas) ont été du XVIIe au XIXe siècle les artisans des boliw, ces objets sacrés réputés « vivants ». Autrefois, cette population de culture animiste se répartissait entre deux royaumes. À l'est, le Ségou était administré depuis une ville du même nom. À l'ouest – du fleuve et du pays –, le Kaarta avait pour capitale Sounsana puis Guémou. C'est de ce côté-là qu'en 1931, l'ethnologue Michel Leyris s'est rendu dans le village de Dyabougou où il s'est emparé d'un boli (épisode relaté dans l'opéra *Le Vol du boli*). Le Kaarta et le Ségou ont prospéré à partir du XVIIe siècle et se sont livrés des batailles – certains prisonniers étaient exécutés, et leur sang était recueilli pour les boliw. Ces royaumes se sont effondrés au cours du XIXe siècle, avec les invasions successives, des Toucouleurs, musulmans, et des colons français, catholiques. Aujourd'hui, les descendants des Bambaras vivent principalement au Mali, où leur langue est l'une des deux les plus employées dans le pays. P. C.

Les trous de la fortune

EN TURQUIE, LE PILLAGE DE TRÉSORS ARMÉNIENS EST DEVENU UN SPORT NATIONAL, NOURRI DE FANTASMES, DE RÊVES DE RICHESSE ET D'UNE MAUVAISE CONSCIENCE DIFFUSE HÉRITÉE DU GÉNOCIDE DE 1915.

Par Killian Cogan
Illustrations Marie Guillard

Les sept silhouettes s'affairent au pied d'un imposant rocher à flanc de colline. Elles se sont réparti les outils : lampes torches, pelles, pioches et marteaux de forgeron. En cette nuit de juin, Muradiye et ses massifs basaltiques baignent dans un noir opaque. À une heure de route de Van, sur les hauteurs de l'Anatolie orientale, se dresse l'église arménienne de Saint-Stephanos. C'est là, sous l'édifice qui tombe en ruine, que les sept pilleurs ont entrepris de creuser. Ils n'en sont pas à leur coup d'essai. Trois ou quatre fois par mois, dès qu'ils ont du temps, ces pères de famille, maris, employés ou patrons, partent en excursion dans la vallée escarpée et aride. La perspective d'une nuit blanche à taper le caillou – l'obscurité limite les risques de voir les autorités débarquer – ne les effraie pas. C'est plus fort qu'eux. Et cette nuit-là, après avoir creusé à deux mètres de profondeur, ils sentent tout à coup, sous leurs pioches, une surface dure leur résister. Les lampes convergent. Une dizaine de squelettes humains surgissent, alignés les uns à côté des autres…

Tel est le récit que me fait Abdullah, depuis un *kıraathane* du centre-ville de Muradiye, ces salons de thé réservés aux hommes. « *Certains squelettes étaient en position assise, d'autres allongés. On aurait dit qu'il y avait eu un massacre* », se rappelle ce coiffeur kurde, qui avait 27 ans à l'époque. Entre les os scintillent quelques pièces de monnaie et des bagues en argent. L'homme regarde la sienne, dorée, à la tête de lion, puis relève le visage, l'air nostalgique. « *Je n'avais rien vu de tel dans ma vie. C'était merveilleux.* » Entre les murs vert pastel du salon de thé, en ce début d'hiver, la buée des souffles se mêle à la fumée du tabac.

Assis sur un tabouret en bois, Abdullah enchaîne les petits verres chauds en forme de tulipe. Depuis cette nuit-là, il ne s'est jamais arrêté de creuser. À 40 ans aujourd'hui, l'homme, vêtu d'un élégant manteau de flanelle à carreaux, ne cesse d'écumer cimetières, églises, monastères et sites antiques de la région, à la recherche d'objets à revendre. Cette quête est devenue une obsession. Plus, même : une addiction.

> Dans cette zone déshéritée à majorité kurde, la seule évocation des « chasseurs » fait sourire. « Ici, un homme sur deux en est un », plaisante à moitié un paysan.

Moustache bien taillée et teint hâlé, il se présente comme un « *defineci* », un « chasseur de trésors » en turc, plutôt que comme un « pilleur », ou « pillard » – deux termes désignant ceux qui « *s'emparent des biens dans un lieu en causant des dommages* », définit le Larousse. Il n'est pas le seul à se revendiquer comme tel. Dans cette zone déshéritée à majorité kurde, qui envoie des contingents de travailleurs immigrés dans les villes d'Antalya et d'Istanbul depuis les années 1980 – et qui se situe à quelque 500 kilomètres de l'épicentre des tremblements de terre qui ont sévi en février –, la seule évocation des « chasseurs » fait sourire. « *Ici, un homme sur deux en est un* », plaisante à moitié un paysan. Dans le reste

Les trous de la fortune

du pays, aussi, ils courent les rues. « *Il y en a dans chaque village* », soutient Soner Ateşoğulları, le président de l'association des archéologues de Turquie. Des rives de la mer Égée au Sud-Est, en passant par l'Anatolie centrale, les fouilles sauvages sont devenues un sport de haut niveau en Turquie. Une passion nationale.

« *Historiquement, la chasse aux trésors fluctue au gré des circonstances économiques du pays*, constate Kübra Kurt Çalışkan, une sociologue qui prépare un livre sur le sujet. *Et avec la situation actuelle, il y a une hausse de cette activité.* » En effet, depuis 2018, la Turquie est en proie à une grave crise inflationniste. La hausse des prix a eu pour conséquence de paupériser les classes moyennes et populaires du pays. « *L'augmentation du phénomène des fouilles n'est pas dramatique, mais elle est effective depuis peu* », corrobore Zeynep Boz, archéologue, qui préside le département de lutte contre la contrebande de patrimoine culturel au sein du ministère turc de la Culture et du Tourisme. « *Les pilleurs sont majoritairement des hommes sans emploi ou qui gagnent mal leur vie*, rebondit Kübra Kurt Çalışkan. *Il s'agit d'une tradition souvent transmise de père en fils et qui est perçue comme une échappatoire à la précarité.* »

> « Ce sentiment qui vous envahit, lorsque vous avez trouvé quelque chose sous terre mais que vous ne savez pas encore ce que c'est, est indescriptible ! »
>
> **ABDULLAH** PILLEUR DE MURADIYE

Abdullah l'admet pourtant de sa voix suave depuis son tabouret du salon de thé : « *Je n'ai trouvé que des petites choses sans valeur en près de quinze ans.* » Des pièces en bronze, des bijoux en argent ou encore des « bouteilles de larmes », ces récipients en verre ou en céramique, qui, selon la tradition funéraire byzantine, étaient enterrés avec les défunts afin de symboliser le deuil. Mais le coiffeur continue à creuser dans l'espoir de tomber, un jour, sur plus gros. Comme beaucoup, Abdullah justifie sa persévérance par les récits de lointaines connaissances ayant mis la main sur un « chaudron d'or » avant de disparaître du voisinage. « *Ce sentiment qui vous envahit, lorsque vous avez trouvé quelque chose sous terre, mais que vous ne savez pas encore ce que c'est, est indescriptible !* », glisse-t-il, enchanté. « *On court après un rêve*, reconnaît Mehmet, un autre pilleur de Muradiye. *On se dit qu'un jour, on deviendra riche et qu'on pourra s'acheter une maison et une voiture.* » Pour Mustafa, un pilleur de 52 ans originaire d'Erciş, « *c'est comme une maladie, on n'arrive pas à s'arrêter* ». La sociologue opine du chef : « *Les pilleurs voient dans la fouille la promesse d'une prospérité facile et rapide. Alors, ça peut devenir une addiction, dont certains ne sortent pas indemnes.* » D'autant moins que les chasseurs ne chassent pas n'importe quel butin.

« *On cherche l'or que les mécréants ont enterré pendant la guerre* », résume confusément Mesut, 55 ans, rencontré dans une boutique du centre-ville de Gaziantep, dans le sud de la Turquie. À Muradiye et dans la région de Van, à l'est du pays, les sites visés sont ourartéens, du nom d'une civilisation proto-arménienne ayant connu son apogée au IXᵉ siècle avant notre ère. Plus à l'ouest, près des villes d'Izmir et de Manisa, ils sont lydiens, une autre civilisation dont l'âge d'or se situe au VIIᵉ siècle avant Jésus-Christ. Sur l'ensemble du territoire turc, les pilleurs cherchent aussi les vestiges des Byzantins, qui ont régné sur l'Asie Mineure du IVᵉ au XVᵉ siècle. D'autres encore s'attaquent à la dynastie turque des Seldjoukides, qui contrôlait de vastes pans de l'Anatolie orientale entre les Xᵉ et XIIIᵉ siècles de notre ère. Mais ce qui nourrit plus que tout l'appât du gain des pilleurs, ce sont les trésors arméniens. « *Il y a cette croyance selon laquelle les Arméniens en Turquie étaient très riches,* commente la sociologue Kübra Kurt Çalışkan, qui publie son livre dans une maison d'édition arménienne installée à Istanbul. *Et qu'ils ont enterré de l'or et des objets de valeur lors du processus de déportation.* » Tels seraient les « *gavur* » – ou « mécréants » – auxquels fait référence Mesut.

Le cas des Arméniens est sensible. Présent en Anatolie depuis l'Antiquité, ce peuple a été massacré et déporté en masse en 1915 par les autorités ottomanes, qui voyaient dans le séparatisme arménien une menace pour l'intégrité territoriale. Parmi les survivants, beaucoup ont fui en Occident, aux États-Unis et en France notamment. Or, depuis la fondation de la République turque en 1923, les gouvernements successifs se sont contentés de faire état de « *dommages collatéraux dans un contexte d'attaques menées contre l'Empire ottoman* ». Dans les années 1980, de nombreux États et instances internationales commencent à parler de « génocide ». Mais le sujet, qui hante la conscience nationale, reste tabou en Turquie. « *Dans les endroits où vivaient des Arméniens, on peut trouver des objets très intéressants* », se persuade Abdullah, qui tient à préciser qu'il cherche aussi des vestiges ourartéens et byzantins. « *Les pillards considèrent que ces objets leur appartiennent, ils pensent qu'ils peuvent légitimement les récupérer* », pointe l'archéologue Soner Ateşoğulları.

> Les sites visés par les chasseurs sont ourartéens, lydiens, byzantins, seldjoukides. Mais ce qui nourrit plus que tout l'appât du gain, ce sont les trésors arméniens.

Et ce n'est pas « *l'Indiana Jones national* » qui dira le contraire. Uğur Kulaç, styliste de formation – surnommé ainsi dès 2002 par le quotidien national *Sabah* –, est le porte-parole autoproclamé de la communauté des chasseurs de trésors, et multiplie les apparitions sur les plateaux de télévision turcs. Jusqu'à lancer une entreprise de détecteurs de métaux en 2000 : Uğur Elektronik, dont le siège se trouve dans le quartier d'Üsküdar, sur la rive asiatique d'Istanbul. Crâne dégarni et barbe grisonnante,

Uğur Kulaç reçoit dans son bureau aux murs parés des armoiries ottomanes. « *En 1915, lorsque les Ottomans ont envoyé les minorités non musulmanes – Arméniens, Grecs ou Assyriens – dans d'autres provinces, ces communautés ont enterré leurs objets de valeur en pensant pouvoir les récupérer plus tard*, explique-t-il doctement et sans ciller, une imposante bague en pierre à l'annulaire. *Ce sont ces trésors que nous cherchons aujourd'hui.* » En 2018, Uğur Kulaç a fondé une association visant à regrouper et représenter les pilleurs du pays. « *En l'espace de huit mois, nous avons attiré près de deux mille membres* », assure-t-il. Mais, dès le 8 janvier 2019, le ministère turc de la Culture et du Tourisme l'a dissoute. « *En tout, le ministère a lancé huit poursuites judiciaires contre moi*, confesse ce nationaliste originaire de Giresun, sur les berges de la mer Noire. *Dieu merci, j'ai remporté tous mes procès* », fanfaronne-t-il.

En effet, aussi répandue soit-elle, la « chasse aux trésors » est encadrée par la loi. Avec ambiguïté. En amont de toute recherche, il faut effectuer une demande auprès des autorités locales. La licence est refusée si un expert rattaché à un musée établit que le terrain où l'excavation doit être réalisée constitue un « site patrimonial ». Si la zone recèle un « potentiel patrimonial », une fouille peut être menée, mais sous la supervision de l'expert. Et si un objet trouvé à cette occasion, examiné par un comité composé d'au moins trois experts rattachés au ministère turc de la Culture et du Tourisme, relève du patrimoine culturel et historique national, il doit lui être remis. Autant de conditions fastidieuses qui font que la chasse aux trésors est généralement menée de manière clandestine. « *Les excavations non autorisées constituent un crime passible d'une peine allant de deux à cinq ans de prison*, souligne pourtant Zeynep Boz, l'archéologue qui préside le département de lutte contre la contrebande de patrimoine culturel au sein du ministère turc de la Culture et du Tourisme. *Notre coopération avec les forces de l'ordre s'est considérablement renforcée au cours des dernières années. Entre 2018 et 2022, plus de 7 000 fouilles clandestines ont été empêchées en Turquie.* »

> « Treize arrestations en tout ! La dernière fois, les gendarmes ont confisqué tout notre équipement, y compris nos détecteurs à métaux. »
>
> **MESUT** PILLEUR DE GAZIANTEP

Une politique répressive dont Mesut a fait les frais. Comme beaucoup de pilleurs, il officie la nuit pour échapper aux autorités. Peine perdue, puisque cet ouvrier du bâtiment, qui mène des excavations illégales depuis 1992, a accumulé les déboires avec la justice. « *Treize arrestations en tout ! La dernière fois, on s'apprêtait à faire une fouille sous un rocher dans la nature avec un groupe d'amis lorsque la gendarmerie nous a*

surpris. Ils ont confisqué tout notre équipement, y compris nos détecteurs à métaux »,
s'agace l'homme au visage buriné, en exhibant une amende qu'il a reçue par la
poste : 15 000 livres, soit plus de 750 euros. Une somme importante quand le
salaire minimum s'élève à 440 euros. Pour autant, Mesut n'a pas l'intention de
rendre les armes. « *Dans les faits, les sanctions sont rarement appliquées*, avance Kübra Kurt Çalışkan, la sociologue. *Lorsqu'ils se font prendre, les pilleurs s'en tirent le plus souvent avec des amendes légères.* »

La législation turque a cette autre particularité qu'elle prévoit des amendes contre les chasseurs qui mènent des excavations non autorisées, mais permet dans le même temps à des quidams de vendre à l'État des objets patrimoniaux, dont le prix est déterminé par les musées. « *Ce prix est toutefois inférieur à celui du marché, et les pilleurs ont peur de se faire interroger lorsqu'ils rapportent leurs trouvailles*, tempère Kübra Kurt Çalışkan. *Alors ils se dirigent plus volontiers vers le marché informel.* » Et ce, même si les réseaux parallèles ne garantissent pas non plus la sécurité des transactions : entre 2020 et 2022, près de 860 000 objets ont été saisis par l'État sur le marché de la contrebande, selon les chiffres du ministère turc de la Culture et du Tourisme.

La législation turque a cette particularité qu'elle prévoit des amendes contre les « chasseurs » et permet à des quidams de vendre à l'État des objets patrimoniaux.

« *Ça, c'est de l'ivoire*, lance Mehmet, 35 ans, qui dit vivre exclusivement de cette activité, et montre sur son téléphone portable une statuette blanchâtre au visage vaguement hellénique, sa dernière trouvaille. *C'est byzantin, je l'ai déterrée près d'une église. Ça vaut au moins 100 000 dollars.* » L'homme affirme écouler ses découvertes à Diyarbakır, la capitale de fait du Kurdistan turc, dans le sud-est du pays : « *Des ventes aux enchères y sont organisées, lors desquelles on vend à des collectionneurs privés ou à des antiquaires.* » D'autres pilleurs se tournent vers des joailliers. Ainsi, dans une bijouterie du quartier populaire de Hacıbaba à Gaziantep, un jeune vendeur sort d'un tiroir de vieilles pièces et des ceintures argentées, ornées de pierres turquoise, pour les exposer sur le comptoir en confiant fièrement : « *Ce sont des pilleurs qui les ont trouvées.* » Gêné, le gérant refuse de s'exprimer et fait signe à l'employé de ranger les objets.

Il sera impossible d'en savoir plus sur l'origine des vestiges. Souvent, les pilleurs s'adressent à des intermédiaires locaux qui acheminent les objets à l'étranger. « *Il y a beaucoup d'intermédiaires, on ne connaît pas les gens à la tête des réseaux qui exportent les objets hors du pays, notamment en Europe* », confie Berat, 65 ans, rencontré dans la ville d'Erciş. L'ancien restaurateur de bâtiment vend aussi, plus sporadiquement, en direct : « *L'an dernier, j'ai trouvé quelques statuettes en forme de serpent et de grenouille. Je les ai vendues à un professeur iranien pour 3 000 dollars.* »

Serpent, grenouille, animaux hantés… Les yeux d'Uğur Kulaç s'emplissent d'effroi en se remémorant la scène. Il s'en souvient encore très bien. Pas des gendarmes, ni des amendes, non, mais de ce que redoutent vraiment les pilleurs. Depuis son bureau aux lumières blafardes, le quinquagénaire prend une mine sombre et baisse le ton. Une nuit, il y a quelques années, alors qu'il creusait une fosse dans un champ avec deux compagnons, il a vécu une funeste mésaventure. Les trois associés gagnaient peu à peu en profondeur lorsque Kulaç a remarqué que des *« dizaines de lapins »* avaient fait leur apparition autour d'eux. *« Tous avaient les yeux rouges et certains faisaient la taille d'un agneau »*, raconte-t-il d'une voix feutrée. Kulaç alerte ses deux compagnons et le groupe, ahuri, s'immobilise. *« C'était terrifiant. Mais, Dieu soit loué, l'appel à la prière a retenti et les lapins ont disparu d'un coup. »* Ces récits abondent chez les pilleurs. Selon une croyance répandue au sein de la communauté, nombreux seraient les trésors à avoir été ensorcelés par leurs propriétaires. *« En cachant leurs possessions lors du processus de déportation, les Arméniens ont fait de la magie noire, ils ont invoqué des djinns pour protéger leurs objets,* croit savoir le vendeur de détecteurs de métaux. *Tous les ans, des gens d'Église viennent de l'étranger en tant que touristes et effectuent des rituels afin de renouveler ces ensorcellements. »* Ces djinns, êtres surnaturels dans l'islam, prendraient diverses formes animales et surgiraient lors des fouilles pour défier les pilleurs.

« Ces ensorcellements sont extrêmement dangereux, insiste Mesut, de Gaziantep. *Ça peut vous coûter la vie. »* D'autres font état de *« trésors qui se déplacent »* ou qui *« se rendent invisibles »*. Pour se protéger de ces sorts, il arrive que les pilleurs fassent appel aux services de maîtres spirituels chargés de *« défaire les ensorcellements »*.

> « En cachant leurs possessions lors du processus de déportation, les Arméniens ont fait de la magie noire, pour protéger leurs objets. »
>
> **UĞUR KULAÇ** PORTE-PAROLE AUTOPROCLAMÉ DES PILLEURS

À l'instar d'Abdullah, de Muradiye. *« Avant d'effectuer une fouille, je fais venir un maître spirituel qui lit des versets du Coran autour du site »*, explique l'homme à la bague de lion. Uğur Kulaç y a même consacré un guide pratique, en vente sur son site internet. Intitulé Solutions aux ensorcellements des trésors, l'ouvrage prévoit une série de sourates coraniques et de prières à réciter lors des excavations : *« Lisez ces versets, et la malédiction sera brisée »*, promet-il. Ainsi, dans le cas où une grenouille apparaîtrait, le guide recommande de réciter un verset de la sourate des fourmis. S'il s'agit d'un serpent, il est conseillé de privilégier celle de la montagne. Les textes y sont retranscrits en alphabet arabe ainsi que de manière phonétique en turc. *« Il y a des ensorcellements qui sont néanmoins impossibles à résoudre,* précise l'auteur. *Ceux invoqués avec du sang, notamment. Dans ces cas-là, les djinns vous demanderont de tuer quelqu'un pour libérer le trésor qu'ils protègent. »*

Depuis qu'il a commencé à creuser, Abdullah dit avoir eu affaire à un *« grand nombre de malédictions »*. Comme cette fois-là, il y a une dizaine d'années, où il a été pris d'assaut par des *« milliers de grenouilles aux yeux jaunes »* qui ont jailli de sous un rocher. Le coiffeur évoque aussi des djinns invisibles qui lui auraient *« jeté des pierres »* pour le dissuader de poursuivre sa fouille. Ce vétéran des excavations préfère le concéder sobrement : *« Face aux djinns, la meilleure chose à faire reste tout de même de quitter les lieux. »*

Les Arméniens et les populations qui les ont précédés auraient également laissé derrière eux des « signes » afin de désigner l'emplacement des trésors et de les récupérer a posteriori, selon le récit des pilleurs. Chaque tracé – géométrique, animalier, etc. – porterait une signification particulière renvoyant à la valeur du trésor caché, ou vers un autre signe. *« Les formes de serpents et de chevreuils, par exemple, indiquent qu'il y a là un objet de grande valeur »*, éclaire Abdullah.

Les Arméniens auraient également laissé derrière eux des « signes » afin de désigner l'emplacement des trésors.

« Tous les jours, je reçois des photos de signes, reconnaît à demi-voix Yusuf, un fermier à la mine patibulaire qui se revendique comme expert, et donne rendez-vous à l'arrière d'un salon de thé de la ville de Van. *Ce sont des chasseurs de trésors qui me demandent de l'aide. »* Accoudé à une table recouverte d'une nappe vermeil, il a les yeux rivés sur son smartphone, où défilent des clichés de lignes indécises gravées dans la roche. Abdullah fait régulièrement appel à Yusuf : *« Lorsqu'il n'arrive pas à comprendre les signes qu'on lui envoie, il se tourne vers un Arménien très âgé qui, lui, les comprend. »* Jusqu'en 2019 paraissait une revue dans laquelle figurait une rubrique destinée à aider les aventuriers à décoder ces messages cryptés. Aujourd'hui, des groupes Facebook ont pris le relais. On y trouve essentiellement des clichés de rochers ravinés postés par des pilleurs espérant avoir déniché un indice de bon augure.

« Il s'agit d'une science, qui n'est pas donnée à tous », prévient Uğur Kulaç. Et dont les « experts » occupent la position la plus noble dans la hiérarchie des chasseurs. Car, dans cette communauté masculine régie par ses rituels – la préparation, le repérage, le barbecue, le camping sauvage –, ses normes et ses codes, chacun occupe un rôle bien défini. En bas de l'échelle se trouvent les « guetteurs », chargés de surveiller les environs, puis l'« excavateur », qui entreprend les fouilles, ou encore l'« appareilleur », qui manie les détecteurs à métaux et autres appareils électroniques. C'est le cas de Mustafa, qui a longtemps officié dans le secteur du BTP à Antalya. S'il est aujourd'hui sans emploi formel, il continue à sillonner la Turquie, muni de son détecteur. *« J'ai été amené à voyager dans la plupart des provinces du pays en tant qu'appareilleur »*, se flatte-t-il.

« On voit souvent des gens arriver ici avec des cartes écrites en alphabet arménien sur des peaux de chiens ou de moutons, glisse, amusé, Berat d'Erciş. *Ils achètent ça

à Istanbul, à des types qui se font passer pour des Arméniens et qui prétendent ne pas pouvoir se rendre sur place pour récupérer les trésors. » En 2000, déjà, le journaliste d'origine arménienne Hrant Dink, fondateur du journal stambouliote *Agos*, disait recevoir de nombreux visiteurs munis de telles cartes et sollicitant son aide pour les décrypter. « *Dans le quartier d'Aksaray, à Istanbul, il y a une véritable bourse aux fausses cartes. Tous les jours, leur prix augmente, comme pour des licences de taxi* », alertait-il dans les colonnes de son journal. En 2007, Hrant Dink a été assassiné par un adolescent nationaliste devant le siège de la rédaction d'*Agos*. Trois ans plus tard, la presse turque annonçait que la maison d'enfance du journaliste, située dans la ville de Malatya, en Anatolie orientale, avait été saccagée par des pilleurs à la recherche de trésors.

Les Arméniens, Berat les connaît bien. Pendant presque trente ans, il a travaillé à leurs côtés dans la restauration de bâtiments historiques à Istanbul. Aujourd'hui encore, il évoque ses anciens patron et collègues avec tendresse. « *On est pareils, notre culture est la même, à la différence près qu'eux sont chrétiens* », développe-t-il. Alors c'est avec une pointe d'embarras qu'il avoue chercher les objets qu'ils auraient enterrés. « *Avant nous, les Arméniens pillaient les tombes des Ourartous. Ils ont quasiment tout pris !* », assène-t-il, comme pour se dédouaner.

À Erciş, et dans le reste du pays, le sentiment de culpabilité qui taraude les pilleurs est palpable. En témoignent les récits d'ensorcellements et de djinns, mais également le fait que, d'emblée, beaucoup d'entre eux assurent « *ne pas toucher aux tombes des Arméniens* », avant de revenir sur leurs propos. D'autres ont mauvaise conscience concernant les dégâts qu'ils infligent au patrimoine national. Presque tous les mois, la presse turque fait état de sites patrimoniaux endommagés par des pilleurs. « *C'est une hémorragie*, fulmine l'archéologue Soner Ateşoğulları. *Pour nous, le patrimoine anatolien est un puzzle. En tant que chercheurs, nous collectons les pièces de ce puzzle. Or, les pilleurs détruisent ces pièces.* »

Mesut, de Gaziantep, en est parfaitement conscient : « *L'État a raison de nous punir. Les touristes et les générations futures devraient pouvoir admirer le patrimoine historique du pays dans nos musées*, lâche-t-il, penaud. *En vendant ce qu'on trouve sur le marché informel plutôt qu'à l'État, on est des traîtres à la patrie, mais on fait ça par nécessité.* » Pendant un temps, Mesut avait cessé ses activités. C'est après une tentative infructueuse pour rejoindre l'Italie par des filières clandestines qu'il s'y est remis de plus belle.

> « Le patrimoine anatolien est un puzzle dont nous collectons les pièces. Or, les pilleurs détruisent ces pièces. »
>
> **SONER ATEŞOĞULLARI** ARCHÉOLOGUE

Les malentendus

« *Avec la permission de Dieu, je ferai de toi un homme riche.* » Tel est le genre de message que je reçois sur WhatsApp plusieurs semaines après avoir mené mon enquête pour *XXI*, entre septembre 2022 et janvier 2023. « *Trouve-moi des acheteurs en France, on va gagner beaucoup d'argent, toi et moi* », insiste, photos de vestiges à l'appui, un pilleur que j'ai interviewé. Car, tandis que je tentais de gagner la confiance de ces « chasseurs de trésors » sur le terrain, beaucoup ont vu en moi une aubaine. Quand ils n'ont pas cherché à me vendre de la marchandise, ils ont tenté de recourir à mes services, persuadés que je pouvais leur servir de pont vers une clientèle française, donc, de leur point de vue, forcément fortunée.

D'autres encore m'ont imploré de les aider à émigrer en France. « *Laisse tomber le journalisme, ça paie pas. Fais-moi plutôt parvenir une lettre d'invitation au consulat de France et on ira creuser des trésors là-bas* », a tenté, audacieux, un homme à Gaziantep. Enfin, je me suis heurté à la méfiance de certaines sources qui, ne comprenant pas l'objet de mon enquête, m'ont pris pour un Arménien issu de la diaspora française, à la recherche des « trésors » que mes supposés aïeux auraient cachés. Un concurrent, donc. La fin de mon prénom en « ian » leur rappelait le suffixe des patronymes arméniens, signifiant « fils de ». Il se doit par ailleurs d'être noté que les entretiens à Gaziantep, Istanbul et Van ont été effectués près de six mois avant le séisme survenu en février 2023.

KILLIAN COGAN

« Le revenu moyen est aujourd'hui plus bas qu'il y a dix ans »

Économiste au Centre d'études prospectives et d'informations internationales (CEPII), **Deniz Ünal** rappelle le contexte de crise que traverse la Turquie.

Quand la crise économique s'est-elle aggravée en Turquie ?
Depuis fin 2021, suite aux baisses électoralistes du taux d'intérêt directeur de la Banque centrale, visant à favoriser les prêts et à booster la croissance. Cela a provoqué en réalité une très forte dépréciation de la livre turque – elle a perdu 44 % de sa valeur face au dollar cette année-là – et un taux d'inflation sans équivalent dans le monde.

Comment se manifeste cette crise pour la population ?
Par une perte sèche de pouvoir d'achat pour les travailleurs, une flambée de coûts des matières premières pour les entreprises, une restriction de l'accès au crédit pour tous, et une incapacité du gouvernement à réagir, parce qu'il se focalise sur des mesures au jour le jour.

Quelles sont ses conséquences concrètes sur la société ?
Cette courte vue de l'exécutif compte pour beaucoup dans l'ampleur des pertes lors des séismes du 6 février. Plus prosaïquement, les revenus des ménages et des entreprises ne couvrent plus leurs dépenses, tandis que l'épargne des riches ne trouve pas où se placer. La crise sape la cohésion sociale de la Turquie, qui était déjà fortement polarisée.

Dans quelle mesure le pays s'est-il appauvri ?
Le revenu moyen y est aujourd'hui plus bas qu'il y a dix ans. Et les inégalités internes se creusent. Les revenus du travail ne représentent plus que le quart du produit intérieur brut du pays (contre environ 60 % dans les pays de l'Union européenne). **K. C.**

Les « restes de l'épée », ces Arméniens de Turquie

« *Kılıç artığı* », ou « restes de l'épée », en turc. Cette expression, employée il y a trois ans par le président turc Recep Tayyip Erdoğan, désigne de manière péjorative les survivants arméniens des massacres et déportations de 1915. La Turquie compte aujourd'hui près de 50 000 descendants de rescapés, dont l'écrasante majorité vit à Istanbul. Une communauté qui fait partie intégrante de la société turque, mais est victime d'une hostilité fluctuant au gré du contexte politique national. Quatre ans après l'assassinat de Hrant Dink, c'est Sevag Balıkçı, un Arménien âgé de 25 ans, qui a été tué par l'un de ses compagnons de caserne pendant son service militaire obligatoire. Des églises et écoles arméniennes sont aussi vandalisées de manière régulière. Mais, depuis une vingtaine d'années, quelques milliers de Turcs et de Kurdes se découvrent une « arménité ». Ce sont des descendants de survivants du génocide, qui ont été adoptés par des familles musulmanes ou qui ont embrassé l'islam. Ils revendiquent désormais leurs origines arméniennes. Une poignée d'entre eux se sont même « reconvertis » au christianisme. D'autres demeurent musulmans, mais se donnent un prénom arménien. **K. C.**

Patrimoine en péril

S'il ne reste plus que quelques milliers d'Arméniens en Anatolie, leur patrimoine immobilier continue de parsemer la Turquie. Des édifices qui, pour la plupart, sont laissés à l'abandon et tombent en ruine. Quelques-uns d'entre eux ont toutefois été restaurés au cours des vingt dernières années.
2005 : le Parti de la justice et du développement (AKP), au pouvoir depuis 2002, entreprend une timide politique de restauration d'églises arméniennes.
2007 : dans ce cadre, l'église de la Sainte-Croix, située sur l'île d'Aghtamar, sur le lac de Van, est restaurée et rouverte. Une messe y est dite tous les ans depuis 2010.
2014 : la Fondation Hrant Dink, créée en hommage au journaliste assassiné, lance un vaste travail d'inventaire visant à répertorier l'ensemble des sites non musulmans de Turquie. Il recense à ce jour près de 10 000 lieux. Un répertoire dont les « chasseurs de trésors » n'ont pas manqué de s'emparer. Au grand dam de la fondation.
2022 : l'église de Saint-Giragos, située dans le centre historique de Diyarbakır, est rouverte en mai après avoir été restaurée. L'édifice avait déjà été rouvert en 2011 après un processus de restauration entamé en 2009. Mais, en 2016, il avait été endommagé au cours d'affrontements entre le Parti des travailleurs du Kurdistan (PKK) et les forces armées turques. **K. C.**

À lire, à voir

Espoir
film de Yılmaz Güney, 1970

À l'époque, déjà, le célèbre cinéaste kurde relatait l'épopée d'un misérable voiturier de la ville d'Adana à la poursuite d'un trésor enfoui sous terre. S'inspirant du néoréalisme italien, *Espoir* a lancé une nouvelle vague de cinéma plus social en Turquie. Un des chefs-d'œuvre du cinéma turc. Le film est accessible sur Mubi.

Délivrance
de Zülfü Livaneli
éd. Gallimard, 2006

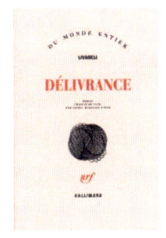

Un roman sous forme de destins croisés, qui mêle la haute société stambouliote aux villageois des confins de l'Est anatolien. Cette ethnographie de la Turquie contemporaine conduit notamment le lecteur à Erciş, dans la région de Van, où il est question du rapport qu'entretiennent les habitants aux fantômes arméniens.

Pêcheurs d'éponges
de Yaşar Kemal
éd. Bleu autour, 2011

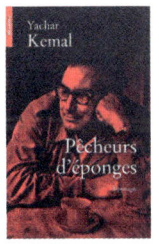

Huit reportages de ce grand nom du journalisme turc publiés dans le quotidien *Cumhuriyet* entre les années 1950 et 1970. On y rencontre des contrebandiers à Gaziantep, des pêcheurs d'éponges à Bodrum ou encore des migrants ruraux à Istanbul. Une fresque pittoresque sur l'Anatolie et ses petites gens.

Ouverture à la française
de Dora Djann
éd. Emmanuelle Collas, 2019

Récit autobiographique d'une femme issue d'une famille kurde pauvre. L'autrice y raconte sa jeunesse passée entre Gaziantep et Istanbul, et son arrivée à Saint-Denis dans les années 1980. Elle évoque aussi son retour, à l'âge adulte, sur les terres de ses parents.

La plume reprend du poids

CONCENTRÉE EN AFRIQUE DU SUD DEPUIS LE XIXE SIÈCLE, LA PRODUCTION DE PLUMES D'AUTRUCHE CONNAÎT UN CERTAIN REGAIN. LA CRISE SANITAIRE A FREINÉ LES EXPORTATIONS DES CONCURRENTS CHINOIS, ET LA CHANTEUSE BEYONCÉ A LANCÉ UNE NOUVELLE TENDANCE. DES ÉLEVEURS AUX ARTISANS, EN PASSANT PAR LES FABRICANTS DE PLUMEAUX ET LES PLUMASSIERS DU LUXE, LE PHOTOGRAPHE **RIP HOPKINS** A DOCUMENTÉ L'ENSEMBLE DE LA FILIÈRE.

L'Afrique du Sud est le leader mondial de la production des produits d'autruche : cuir, plumes et viande. Le commerce de plumes s'est développé au milieu du XIXe siècle dans le pays, d'abord avec des autruches sauvages de la région, puis en recourant à l'élevage. L'oiseau supportant particulièrement bien le climat semi-aride, l'essentiel des exploitations se concentrent dans la région du Petit Karoo, au sein de la province du Cap-Occidental. C'est là que se situe la ferme des Klue, qui existe depuis quatre générations. Ici Nicola, 14 ans, l'une des filles Klue, entourée d'autruches de 11 mois.

Johan, 30 ans, exploite la ferme paternelle JLA à Calitzdorp, dans la même province, avec ses deux frères. Il tient ici des plumes de jeunes oiseaux abattus à 6 mois. La récolte intervient avant qu'elles tombent naturellement (tous les huit mois), pour ne pas qu'elles s'abîment. Sur les oiseaux vivants, en fonction de la maturité de la plume, celle-ci est coupée aux ciseaux, arrachée ou cueillie. À l'abattoir, les plumes des autruches tuées pour leur viande et leur peau sont également exploitées. Toutes sont ensuite traitées au naphtalène pour éloigner les mites.

La coopérative agricole Klein Karoo, créée en 1945, regroupe 250 éleveurs. Depuis 2019, elle forme avec le groupe Mosstrich le consortium Cape Karoo International. Il fournit à lui seul 80 % de la production mondiale de plumes d'autruche, destinée à la fabrication de plumeaux, et aux mondes de la mode et du spectacle. Le reste provient essentiellement de Chine, filière peu transparente et fragilisée depuis le Covid-19. Ici à l'atelier de tri et de dimensionnement de l'usine d'Oudtshoorn, Millie Baartman, 55 ans et Rowena Botha, 48 ans, rangent chaque plume selon sa longueur.

Ces plumes de jeunes autruches, ou *chick feathers*, sont teintes puis lavées avec de la lessive et de l'adoucissant. Elles sont séchées dans des tambours géants – ici l'usine d'Oudtshoorn – pour les duveter et les gonfler. Ces plumes serviront à fabriquer des plumeaux, pour le marché international. Certaines sont utilisées également pour des robots nettoyants dans l'industrie automobile : une *« haute technologie »* développée par la société européenne Dürr pour débarrasser les carrosseries des poussières, avant l'application de la peinture.

Employée de Klein Karoo, Louise Botes, 38 ans, transporte un boa qui sort du département mode de l'usine. En plus du traitement et de la teinture des plumes, la coopérative assure elle-même la production de plumeaux et boas. Destinés principalement aux maisons de haute couture et aux cabarets en Europe et aux États-Unis, ceux-ci sont fabriqués à partir de franges de plumes tressées. Cent cinquante mille franges par an sont produites dans l'usine de Klein Karoo. Depuis 2022, la demande américaine a explosé sous le coup d'une mode lancée par la chanteuse Beyoncé.

Après la teinture par lots de cinquante mètres, les franges de plumes sont travaillées à la chaleur du soleil pour les rendre « mouflues » – terme qui désigne un aspect gonflé, réhydraté et duveteux. Ici par Jacqueline van Wyk, 21 ans, employée de l'usine. Portés dès le XVIIe siècle en Europe, les boas ont connu leur apogée entre 1890 et 1915. Les registres établis après le naufrage du *Titanic* en 1912 indiquent que parmi les cargaisons les plus précieuses perdues figuraient des plumes d'autruche – destinées au marché américain.

Hilda Ketula, 26 ans, gère l'atelier Mama's Feather, situé dans le bidonville de Bridgeton à Oudtshoorn. Son neveu Innocent Khumalo, 17 ans, fabrique avec elle des plumeaux pour le marché local. Exilés du Zimbabwe pour fuir la crise économique, ils travaillent des plumes de seconde catégorie, s'approvisionnant chez les éleveurs, ou ramassant celles tombées aux alentours des fermes. Cette activité de fortune rappelle celle des Juifs lituaniens arrivés à partir de 1880, qui fuyaient les persécutions russes et ont largement contribué au développement du commerce des produits d'autruche.

Après avoir été dominée par les commerçants juifs à la fin du XIXe siècle, la production de plumes d'autruche en Afrique du Sud est aujourd'hui entre les mains de grandes familles d'Afrikaners, descendant des colons néerlandais. Ici Manie Oliver, 45 ans, fils de l'éleveur Uncle Ockie Oliver. Cette famille réputée pour la qualité de sa production fait partie des trois dernières à élever des autruches de race George White, dont les plumes sont les plus prisées pour leur densité. Les plumes George White sont les plus coûteuses à produire car la récolte se fait au plus tôt aux trois ans de l'animal.

Les plumes d'autruche sont particulièrement utilisées pour les costumes de cabaret. Ici Kurt Zaza, alias Madame Zaza, 49 ans, dans l'atelier de The Showbizz Shop, propriété de Marisa Allen, à Lokeren, en Belgique. Drag-queen depuis plus de trente ans, Madame Zaza dirige la troupe de travestis Madame Zaza Project. En collaboration avec Marisa Allen, Madame Zaza crée des costumes de plumes pour les travestis, les cabarets et les revues belges, néerlandaises, françaises et allemandes.

Anna Fizelert, 23 ans et plumassière depuis quatre ans, pose dans l'atelier plumes de la maison parisienne Legeron, fondée en 1727. C'est la dernière entreprise indépendante spécialisée dans la fabrication, sur mesure et à la demande, de fleurs artificielles et de parures en plumes pour robes et chapeaux de la haute couture et du prêt-à-porter du monde entier. Une mode qui a décliné avec l'essor de l'automobile, les déplacements avec ce type de chapeaux devenant impossibles. En 1919, il y avait 425 ateliers à Paris, aujourd'hui il en reste quatre. La seule formation de plumassier au monde est dispensée au lycée Octave-Feuillet (Paris).

Le Gille est le personnage central du carnaval de Binche, en Belgique, qui a lieu chaque année à la fin du mois de février. Karl Kersten, 64 ans, dans sa maison-atelier rue de la Déportation. « Louageur » de costumes de Gille depuis cinq générations, Karl en assure avec sa femme la confection et la location. Pièce-phare du costume, le chapeau est fabriqué avec des plumes d'autruche, importées d'Oudtshoorn en Afrique du Sud.

Page suivante :
On retrouve les plumes d'autruche dans certains costumes de « marcheurs » en Belgique. De mai à octobre, une vingtaine de sociétés de musique et 94 villages de l'Entre-Sambre-et-Meuse participent à des marches folkloriques, souvenirs de processions religieuses datant du xve siècle. Des escortes armées accompagnent ces marches : les Compagnies, héritées des milices urbaines et rurales qui protégeaient les processions des brigands. Ici André Mengeot, 75 ans, adjudant de la Compagnie de Gerpinnes-Centre dans les ateliers de soudure Mengeot, gérés par son fils.

Un chapeau de Gille pèse entre trois et quatre kilos. C'est une buse en carton recouverte de tissu blanc qui supporte une armature métallique, sur laquelle sont fixées une dizaine de plumes de queue d'autruche de près d'un mètre de haut. Ces plumes sont elles-mêmes constituées de 240 à 290 petites plumes d'autruches blanches ou légèrement teintées. Seuls les hommes issus de familles de Binche ou y résidant depuis plus de cinq ans peuvent prétendre défiler avec ce couvre-chef, dont la location coûte jusqu'à 300 euros.

L'artisan et sa matière

Parti d'un projet sur un seul plumassier, le photographe anglais **Rip Hopkins** a fini par remonter toute la filière de la plume, objet d'un commerce né au Moyen Âge.

Qu'est-ce qui vous a amené à vous intéresser au monde de la plume ?

Le point de départ est une commande du musée des Arts précieux de Toulouse, qui souhaitait monter une exposition sur le métier de plumassier. Le projet se concentrait sur un plumassier en particulier, puis a évolué : l'idée était de suivre le trajet de différents types de plumes, en partant des lieux d'élevage pour arriver aux produits finis, en passant par les usines de traitement. J'ai commencé mes voyages pour ces photos en 2019, mais la crise sanitaire m'a forcé à arrêter en 2020 lorsque j'étais en Italie. Le directeur du musée m'a finalement rappelé pour finaliser l'exposition. C'est ainsi que mon livre sur le sujet a aussi pu voir le jour.

La plume d'autruche a-t-elle une place à part dans ce monde ?

C'est un produit qui concerne aussi bien le luxe que le nettoyage, puisque la majorité des plumes d'autruche sont produites pour la fabrication de plumeaux. Les autres plumes commercialisées sont principalement celles d'oie et de canard, qui servent à remplir couettes et oreillers, et qui proviennent à 80 % de Chine. L'histoire du commerce de la plume d'autruche est fascinante : il a démarré dès le Moyen Âge entre le Sahara et l'Europe, via les comptoirs méditerranéens, pour se développer massivement dans la seconde moitié du XIXe siècle, depuis l'Afrique du Sud vers l'Europe. Au début du XXe siècle, Londres était la plaque tournante mondiale des plumes d'autruche. Principaux fournisseurs des artisans plumassiers français, les Britanniques étaient aussi leurs meilleurs clients étrangers. En 1912, la consommation française était énorme : 63 millions de plumes brutes étaient alors importées, dont 53 millions qui servaient uniquement au marché national. Les marchands de plumes disposaient alors de soixante catégories de notation et de qualité. Aujourd'hui les plumes sont divisées en seulement dix-sept catégories dans l'ordre croissant de leur valeur sur le marché.

Qu'en est-il justement du marché de la plume d'autruche aujourd'hui ?

Il faut savoir que la plume représente 35 % de la valeur d'une autruche élevée en Afrique du Sud aujourd'hui, sa peau 40 % et sa viande 25 %. La valeur de la viande a baissé depuis que l'UE en a interdit l'importation en 2011, en réaction à l'épidémie de grippe aviaire qui a sévi dans les élevages sud-africains. Cette crise a poussé certains éleveurs à développer le tourisme en ouvrant des chambres d'hôtes, mais aussi à investir dans la culture de la luzerne, plante qui entre dans l'alimentation de l'autruche d'élevage. Les récents épisodes de sécheresse menacent cependant la pérennité de ces cultures. Le prix de la nourriture pour autruche a été quasiment multiplié par trois ces vingt dernières années, entre autres pour cette raison. Le marché est cependant très changeant : en 2022, un effet de mode lancé par Beyoncé a fait exploser la demande de plumes d'autruche aux États-Unis, ce qui a eu pour effet de faire monter les prix.

Vos photos renvoient au côté artisanal de cette industrie…

J'aime m'intéresser aux lieux qui ont un lien fort avec le passé. Je suis en outre particulièrement attentif au rapport entre un artisan et sa matière, ce lien intime qui existe entre les deux. Qu'un objet aussi archaïque qu'une plume d'oiseau puisse être associé au luxe, mais aussi présenté comme partie d'une « technologie de pointe » par l'industrie automobile, m'a captivé !
J'ai essayé de travailler cette dichotomie dans mes photos, entre documentaire et fantasme.

PROPOS RECUEILLIS PAR CATHERINE DE COPPET

CES PHOTOS FONT L'OBJET D'UNE EXPOSITION AU MUSÉE DES ARTS PRÉCIEUX PAUL-DUPUY À TOULOUSE DU 12 MAI AU 10 NOVEMBRE 2023, DONT LE COMMISSARIAT EST ASSURÉ PAR FRANCIS SAINT-GENEZ. RIP HOPKINS A PUBLIÉ EN MAI 2023 *PLUMASSIERS*, AUX ÉDITIONS FILIGRANES.

C'EST UNE HORLOGE PARTICULIÈRE, MI-HOMME MI-DRAGON, CENSÉE INCARNER LA MODERNITÉ DU QUARTIER DE BEAUBOURG, À PARIS, DANS LES ANNÉES 1970. MAIS ELLE FUT PLOMBÉE PAR DES FIENTES DE PIGEON, ET LAISSÉE À L'ABANDON. JUSQU'À CE QUE QUATRE IDÉALISTES ŒUVRENT À SA RÉSURRECTION, EN 2022.

Par Catherine de Coppet
Illustrations Laurent Bourlaud

Les grands horlogers

*S*ignal et symbole du nouveau quartier », « *point de rencontres idéal rythmant [sa] vie* »… les prospectus de la Cogedim cherchant à attirer les futurs commerçants n'y vont pas de main morte lorsqu'ils présentent *Le Défenseur du Temps*, l'horloge monumentale de ce quartier flambant neuf de la rive droite parisienne. Nous sommes en 1979, l'heure est à la modernité : finis les « îlots insalubres », la ville doit afficher un nouveau visage. « *Dans une époque marquée par l'accélération de l'histoire, Paris se transforme, presque à notre insu. Ses centres vitaux se déplacent. Il faut donc plus que jamais savoir être au bon endroit au bon moment* », peut-on lire encore sous la plume du promoteur. Le « *bon endroit* », c'est cette zone à équidistance du Marais et des Halles, de la place du Châtelet et du quartier des Arts-et-Métiers. Deux ans plus tôt, à quelques mètres de là, a été inauguré le centre Georges-Pompidou, symbole d'audace architecturale et de renouveau culturel. Le chantier du quartier de l'Horloge, lui, c'est « *745 appartements, 150 magasins, un parking public* », répondant au rêve bourgeois d'un habitat qui allie modernité urbaine et tranquillité. Entièrement sous gestion privée, cette nouvelle zone sortie de terre, traversée par des rues piétonnes ouvertes au public, ambitionne de devenir le pendant commerçant de la toute fraîche et voisine « piazza Beaubourg ». Installée en hauteur sur une façade, sous l'arche de la jeune rue Bernard-de-Clairvaux, la rutilante horloge commandée à Jacques Monestier doit incarner cette nouvelle pulsation créée de toutes pièces.

Le tableau est peu banal. Sur un rocher de tôles bleutées, un pantin armé d'un glaive lutte avec trois animaux, symbolisant les éléments – un oiseau (l'air), un crabe (l'eau) et un dragon (la terre et le feu). Les personnages de laiton dorés s'affrontent à la faveur d'une chorégraphie métronomique : à chaque heure, l'un des animaux s'anime, agressif, en direction du petit homme de métal, qui en réponse tourne la tête, agite son torse et dirige son glaive. Conçue comme un spectacle, l'horloge à automates a patiemment rythmé le temps jusqu'à sa mise en arrêt, en 2003, faute de financement pour sa maintenance. Progressivement, la dorure a disparu sous les fientes de pigeon. La modernité a cédé la place à une certaine désuétude, dans un quartier où les rares passants ne font que circuler, et où la vie commerciale ne remplit pas ses promesses, entre boutiques de photocopie d'un autre temps et l'envahissant Leroy Merlin. Devenu symbole d'un abandon, *Le Défenseur du Temps* aurait dû rendre définitivement les armes. C'était sans compter sur son ange gardien, un certain Cyprien. Et un certain alignement des planètes.

Cyprien Gaillard
Le passeur

Tout est parti d'une idée un peu folle, qui a germé dans la tête de Cyprien Gaillard. Absent des réseaux sociaux, rare dans les médias, cet artiste à la réputation internationale installé à Berlin n'est pas du genre à répondre facilement à un e-mail. Il aura fallu toute l'énergie du hasard pour le rencontrer, en chair et en os, au détour d'un étal de la librairie du Palais de Tokyo – là où il présentait le second volet de son travail à Paris fin 2022. Une exposition intitulée *Humpty \ Dumpty*, du nom du personnage d'une comptine anglaise, qui constate, une fois tombé et cassé en morceaux, qu'il ne sera plus jamais le même. L'artiste n'essaie pas de remonter le temps, mais questionne ses effets et le « *devenir* » de toute chose. Il s'interroge aussi sur l'acte de restaurer et sur « *l'irrestaurable* », comme il le dit lui-même. Insuffler une nouvelle vie dans l'œuvre d'un autre, la sortir de son contexte et de sa fonction première, voilà ce qui l'a animé dans cette histoire, glisse-t-il le temps d'une pause clope, parka au vent, entre deux passages éclair à Paris.

Il y a quatre ans, il s'est mis en tête de faire de la capitale française la matière première de sa prochaine exposition, sur invitation de Lafayette Anticipations, la fondation des Galeries Lafayette dédiée à l'art contemporain. Regrettant la disparition du « monde tangible » au profit de l'espace virtuel, l'artiste né en 1980 a élu depuis longtemps les villes pour terrain de jeu. Paris, objet d'un ambitieux programme de restauration en vue des Jeux Olympiques de 2024, devenait idéal à ses yeux. À arpenter ses chantiers monumentaux, le « *it boy* » de l'art contemporain, comme l'a qualifié *Le Monde*, s'est finalement intéressé aux angles morts de cette politique de rénovation, aux lieux qui y échappent. Et parmi eux, le quartier de l'Horloge, ses façades en béton pâle et sa flopée de lampadaires « lanternes », qui a toujours exercé sur le Parisien d'origine une certaine fascination : « *Beaucoup le voient comme un fiasco architectural, or pour moi il s'apparente à une zone liminale, interstitielle, avec son ambiance étrange de science-fiction.* » Remettre en marche *Le Défenseur du Temps*, il y avait pensé depuis longtemps déjà, mais cette envie a soudain pris tout son sens. « *À l'image du quartier, l'œuvre est un outsider, elle est à sa manière d'une grande excentricité dans un paysage de plus en plus homogène,* s'emballe-t-il en passant la main dans ses cheveux longs. *La ville n'est plus l'expression du désordre qui en fait un lieu excitant. Le Défenseur se bat contre cette forme d'aplatissement général.* » Réussir ce pari fou supposait d'entraîner avec lui l'association syndicale du quartier, propriétaire de l'horloge, mais aussi et surtout son concepteur, encore vivant.

Jacques Monestier
Le créateur

Sous la broussaille de longs sourcils encore foncés, dressés comme des visières au-dessus des lunettes, le regard perçant de Jacques Monestier reste celui d'un inventeur qui ne s'est jamais donné de limites. Dans l'espace central de Lafayette Anticipations, situé en plein Marais, son automate à moitié démonté est encore arrimé en hauteur à un énorme câble : l'œuvre a été exposée dans cet écrin éphémère pendant trois mois, après avoir été restaurée. Il lui reste une dizaine de jours pour être désinstallée, complétée de certains équipements et remontée définitivement rue Bernard-de-Clairvaux, son lieu d'origine.

> « J'ai d'abord cru à une plaisanterie. Ce projet de restauration ne pouvait être qu'un signe de la Providence. »

Venu pour deux journées depuis la Bourgogne, Jacques Monestier est là en appui pour donner un coup de main, ses conseils si nécessaire.

Au milieu des outils éparpillés et des escabeaux dépliés, l'homme de 83 ans, chevalière au doigt, s'affaire, concentré, à l'installation d'un système électro-répulsif sur le couvercle de la sphère dorée qui sert de cadran. De loin, on dirait qu'il façonne une couronne. Les mains tremblent légèrement, mais le geste est sûr. Armé d'un banal tournevis, le dos bien droit dans son gilet kaki, il resserre les dominos électriques qui feront passer 2 000 volts sur des petites baguettes en fer disposées en étoile. Et gare à son ennemi numéro un : le pigeon. Dès que le créateur évoque l'existence des volatiles citadins, il s'emporte et fulmine, tonitruant. Si son *Défenseur du Temps* a failli finir au rebut, c'est d'abord par leur faute. Malgré une première restauration en 1995, les pigeons ont fait de l'horloge leur repaire au fil des ans, jusqu'à fragiliser la partie basse de sa structure en acier.

Cette restauration, il ne comptait plus dessus. Dans le PC sécurité du quartier de l'Horloge, le réduit abritant habituellement le système de pilotage de l'automate témoigne de la maintenance que son créateur a patiemment assurée pendant vingt-cinq ans, mois après mois. À même les murs, une constellation de notes griffonnées au stylo-bille : « *1/7/86 changement à mon initiative des deux ralentis et des deux électrovannes de la jambe gauche du personnage.* » Plus loin : « *27/1/1988 entretien normal / changement fil tête oiseau* », etc. « *Une belle servitude* », comme il le dit joliment, à laquelle il a lui-même mis fin en 2003. « *Depuis quelques années, plus personne ne voulait payer pour sa maintenance, je ne pouvais plus l'assurer.* »

Mais, en Pygmalion, l'artiste est particulièrement attaché à son automate monumental, le premier d'une longue série tout aussi sophistiquée et originale. « *Il m'a fallu quatre ans pour le fabriquer. J'y ai mis toutes mes tripes. Ce personnage qui se bat contre les éléments, c'est un peu moi.* » Toutes les pièces en laiton du *Défenseur du Temps* sont passées par sa machine à marteler, dit-il, sortie tout droit de sa folle imagination : un moteur de frigo, une chaîne de vélo, deux petits marteaux et une pédale, pour 700 coups/minute. À l'époque, s'il s'est fait aider pour la fabrication des pièces, il a tout dessiné et monté seul dans son ancien atelier de Valmondois dans l'Oise, de la maquette au 1/10 à l'original. En témoignent les nombreuses photos d'archives qu'il a mises en ligne sur son site, où on le voit à l'œuvre, inspiré, vêtu d'une longue blouse blanche aux airs de chasuble. Une entreprise audacieuse qui l'a occupé plusieurs années et ne lui a rien rapporté, à part une certaine célébrité éphémère.

Quand Cyprien Gaillard prend contact avec lui en 2020, Jacques Monestier y voit « *un signe de la Providence* ». Qu'un artiste contemporain, très en vue qui plus est, souhaite intégrer *Le Défenseur du Temps* dans un de ses projets, relevait du miracle pour ce croyant fier de sa foi. « *J'étais sur le point de la ferrailler, j'ai cru à une plaisanterie !* » C'est l'occasion rêvée pour l'automate de prendre sa revanche sur ceux qui l'avaient déjà

réduit à un symbole du « *kitsch* », figé dans une époque révolue. Très vite, Jacques s'entend avec Cyprien. « *Nous ne sommes pas sur la même longueur d'onde artistique, mais le côté humain de son projet m'a touché. Un de ses amis chers était mort dans un accident, et comme lui, il aimait le* Défenseur. *Cyprien souhaitait lui rendre hommage en le restaurant.* » Impossible cependant pour Jacques de se lancer lui-même dans cette rénovation. « *Je suis trop âgé, personne ne veut plus m'assurer !* » Quelques mois plus tôt, l'octogénaire avait justement pris contact avec l'entreprise Prêtre et Fils conseillée par un ami, pour un devis. Il aura suffi de mettre en cheville Cyprien avec Nicolas Prêtre, pour que ce projet devienne réalité.

Nicolas Prêtre
Le gardien

« *On avait déjà de quoi s'occuper, on n'allait pas se battre pour ce chantier ! Je me disais que si je le faisais, je n'accepterais pas tout. Dans le milieu artistique, on peut vite s'éparpiller !* » Le patron de Prêtre et Fils n'en est pas à son premier plan galère avec le monde de l'art. Par exemple, en 2019, il y a eu l'horloge du Hellfest, festival de hard rock nantais, avec son balancier enflammé… Voix de stentor et chevelure poivre et sel, l'ingénieur, qui a repris il y a dix ans l'entreprise familiale spécialisée dans l'horlogerie monumentale et l'art des clochers depuis sept générations en Franche-Comté, cache un sang-froid à toute épreuve. Un peu le goût du défi, aussi. « *Seule la boule du* Défenseur *relève de l'horlogerie. Le reste fonctionne grâce à un système pneumatique. Je n'y connais-*

Le chantier fut jalonné de surprises. La première : 300 kg de fientes de pigeon, découverts dans les moindres interstices.

sais rien. On s'est lancés ! » C'était parti pour huit mois d'une course contre la montre en plusieurs temps : démonter l'horloge à Paris, la restaurer, la remonter dans l'atelier de Mamirolle pour tester les réparations, la redémonter pour la rapporter à Paris, l'installer à la fondation Lafayette Anticipations, la programmer pour l'exposition de Cyprien Gaillard selon les désirs de l'artiste, la démonter une dernière fois pour la réinstaller définitivement sur son mur d'origine, rue Bernard-de-Clairvaux.

Le discret Nicolas en a vu d'autres, des cadrans d'église haut perchés aux refontes de cloches du XVIIIe siècle, mais un chantier comme celui-ci est unique, et forcément jalonné de surprises, « *rarement bonnes* ». Le volume de fientes de pigeon découvert dans les moindres interstices – 300 kilos ! – a été la première. « *C'est lourd de démonter dans ces conditions* », avoue-t-il en choisissant ses mots. Une fois en Franche-Comté, tôles et pièces ont été passées au karcher, examinées puis retapées, polies par aéro-gommage et envoyées dans une autre entreprise pour la patine bleue. Sans oublier la vérification électrique, et la remise en état du système pneumatique, qui n'a pas été sans péripéties : « *Les vérins des tubes pneumatiques qui donnent leur mouvement aux différents automates ne sont plus fabriqués qu'aux États-Unis. On a dû s'en faire livrer, mais avec quatre mois de délai ! On s'est adaptés.* »

Pour honorer le planning, Nicolas a bataillé pour que les artistes – l'ancien et le nouveau –

accordent rapidement leurs violons. Gaillard tenait à conserver l'horloge-monument dans son état dégradé – fruit du passage du temps –, la refaire fonctionner sans la faire briller. Monestier plaidait pour une remise en lumière de son œuvre dans toute sa majesté d'origine. « *Nous, il fallait qu'on avance, qu'on tienne le rythme. On a dû négocier pour que seul le personnage soit exposé couvert de fientes.* » Enfin, il a fallu composer avec l'absence de parkings à Paris, les sens interdits qui rallongent les trajets, l'impossibilité de stocker les pièces dans le quartier de l'Horloge. Divine surprise parmi toutes ces contrariétés, le pilotage électrique de l'automate, un système à cames comme celui d'une boîte à musique, fonctionnait toujours. « *Bien qu'il repose sur une technologie simple, sans ordinateur, l'automatisme est très perfectionné* », témoigne Silvère Bardin, chef de projet de la restauration, qui n'en revient toujours pas de l'ingéniosité, découverte sous le capot.

Nicolas s'est accordé des congés pour venir voir l'exposition de Cyprien pendant les fêtes, curieux du résultat artistique, comme les 50 000 visiteurs qu'elle a attirés. Mais au moment du remontage, il résume l'investissement qu'a nécessité ce chantier : « *Si je viens à l'inauguration, ma femme demande le divorce.* » Ce matin-là, rue Bernard-de-Clairvaux, l'équipe est au complet, mais la fatigue est palpable, même si « *tout se passe bien* ». En haut du lift, Damien Corne, combi et bonnet noirs, se contorsionne pour installer les filets anti-pigeons dans le ventre du dragon. Une gageure dans le froid de janvier. Ensuite il s'attèlera à raccrocher l'immense patte dorée de la bête, désormais remplie de mousse de polystyrène pour empêcher les oiseaux de nicher. Comme ses collègues, le métallier-serrurier s'enorgueillit de « *maîtriser l'horloge* » et ses soixante étapes de remontage, opération qui, au fil de la semaine, attire son lot de curieux…

Ulla Claude
L'impatiente

Quand, en 2003, ses aiguilles se sont arrêtées, Ulla Claude en a pleuré. « *Mon rimmel a coulé !* », confie-t-elle, le « r » roulé comme une déferlante de la Baltique. « *Ce n'est pas l'objet le plus beau du monde, il est bizarre, curieux, étrange, il fait même peur à certains. Mais il est unique !* » C'est que l'automate fait presque « *partie de* [son] *identité* ». En 1983, lorsqu'elle a acheté un appartement avec son mari rue Saint-Martin, la sculpture qui donne l'heure était déjà le clou du quartier. « *Avec l'arrivée des enfants, on a ensuite déménagé pour un appartement familial, juste en face. On descendait régulièrement voir le spectacle.* »

Depuis le début de la semaine, Ulla a le sourire accroché à ses joues poudrées. Elle est aux anges. Repérable à plusieurs mètres à la ronde à sa doudoune argent et sa blondeur impeccable, la retraitée aux yeux bleu limpide passe ses journées à faire des allers-retours entre son appartement propret et la rue, pour scruter et mitrailler la scène au smartphone. Après presque un an d'absence, l'œuvre de Jacques

> « Ce n'est pas l'objet le plus beau du monde, il est bizarre, curieux, étrange, il fait même peur à certains. Mais il est unique ! »

Monestier est enfin de retour – et bientôt *« vivante »* ! Personnalité incontournable du lieu, Ulla, entre deux conversations avec voisins ou passants, ne se lasse pas de voir les ouvriers assembler patiemment, à sept mètres de hauteur, les pièces du puzzle métallique. *« Regardez comme le dragon respire ! »*

Ulla ne se lasse pas de voir les ouvriers, à sept mètres de hauteur, assembler le puzzle métallique. « Regardez comme le dragon respire ! »

Dans le calme de son appartement avec vue sur cour, l'infatigable admiratrice pose sur la table une montagne de classeurs, qu'elle ouvre un à un, méthodiquement. Maires de l'arrondissement, maires de Paris, ministres de la Culture, fondations d'entreprises, institutions culturelles… la liste des destinataires des lettres qu'elle a envoyées depuis vingt ans au nom de son association l'Assactive est interminable. Derrière elle, le bois lisse d'une étagère sans poussière expose au regard quelques objets africains. Paris et le quartier de l'Horloge, c'était leur *« pied-à-terre »*, quand ils rentraient en France entre deux missions d'expatriés. *« On était fiers, heureux d'être là »*, raconte Philippe, son mari, qui entre dans la pièce avec un plateau et deux tasses. Dans les années 1990, ils ont très mal vécu les nuisances liées à l'ouverture d'un supermarché ouvert 24h/24 puis du Saxo Bar, un « after » connu des fêtards parisiens. Les choses se sont arrangées au début des années 2000, mais l'horloge a été mise en coma artificiel peu après.

Ulla a alors fait de sa restauration, et plus largement de l'embellissement des rues alentour, son cheval de bataille : *« Il fallait prendre soin de ce patrimoine, c'était le symbole du quartier. »* Pétitions, livre d'or au bistrot d'en face… cette infirmière de formation a tout tenté pour rallier du monde à sa cause. Jusqu'à s'entendre avec le directeur du Leroy Merlin voisin pour placer un téléviseur dans la vitrine qui jouxte l'horloge.

On pouvait y voir, en boucle, un petit film montrant *Le Défenseur du Temps* en action… Et puis, en 2021, l'annonce de cette restauration est tombée. Sans qu'Ulla Claude y soit vraiment pour quelque chose.

En ce matin frais d'un lundi de février, quelques dizaines de personnes sont regroupées au pied du *Défenseur* pour assister à sa remise en marche officielle. Tous les amis de l'horloge sont là ou presque pour cette nouvelle inauguration : Jacques Monestier, bien sûr, Cyprien Gaillard, le directeur de la fondation Lafayette Anticipations et… Ulla. *« Il n'a jamais été aussi beau que maintenant. Les couleurs, la dorure… Ils ont trouvé le bon teint, naturel,* susurre-t-elle, attendrie. *On sent la patine du temps, ça fait son charme. »* Pour Prêtre et Fils, c'est Silvère qui a fait le déplacement. Le regard rivé à l'écran de son smartphone, il se tient prêt à actionner la commande à distance qui redonnera vie aux personnages de laiton. À la tribune éphémère, Jacques Monestier prend la parole, s'interrompt plusieurs fois sous le coup de l'émotion. Encouragé par les applaudissements, il poursuit, la voix tremblante : *« Cette restauration est un vrai miracle ! »* Un prodige qu'il dédie à Ulla Claude, *« à ses côtés pendant toutes ces années »*, et à tous les habitants du quartier. De quoi leur redonner un peu de leur fierté fanée. Il est presque midi, la valse du *Défenseur*, tant attendue, va bientôt s'enclencher.

J'ai appris que la malice humaine n'avait aucune limite

SOULEIMAN ADDA A 34 ANS, DONT 18 DANS « LA SÉCU ». DE BOURBIERS EN SOIRÉES CHICS, SON REGARD SUR SES CONGÉNÈRES S'EST AIGUISÉ. MAIS C'EST SURTOUT SON MENTAL QU'IL A SU APPRIVOISER.

Propos recueillis par Ramsès Kefi
Illustrations Simón Prades

Ce soir-là, j'enfile un costume et les chaussures qui vont avec. Mes responsables ont reçu une consigne de la part d'un client prestigieux: l'agent de sécurité doit bien présenter. La mission est au fin fond de la banlieue parisienne. En arrivant sur place, je regarde autour de moi: un château et des champs. Je suis au milieu de nulle part, tout seul, dans le froid et le noir. Le sol est boueux. Mais pourquoi ont-ils imposé une tenue correcte? C'est quoi, ce bourbier? J'ai la vingtaine à l'époque: à cet âge-là, on découvre les mauvaises surprises – le décalage entre la mission sur papier et la réalité du terrain. Dans ce vaste domaine – un ancien corps de ferme en Seine-et-Marne –

Quand j'ai froid, je me réfugie dans ma voiture. Des vêtements ont le droit d'être à l'abri, mais pas l'être humain qui les surveille. Ça fait cogiter, non ?

une grande marque a entreposé des vêtements de luxe, sous des tentes chauffées. Le lieu a été privatisé plusieurs jours pour des shootings. Je dois le surveiller jusqu'au petit matin.

À mon arrivée, je comprends vite que la nuit va être longue. Il n'y a aucune pièce, ni aucun local à ma disposition. Je dois rester à l'extérieur. Des questions de dignité se posent au premier coup d'œil : comment je fais pour aller aux toilettes ? Les températures sont glaciales. Je marche et tourne en rond toute la nuit. À part des bruits de vaches, c'est le silence. Et quand j'ai vraiment froid, je me réfugie dans ma voiture. Je démarre pour allumer le chauffage. Des vêtements ont le droit d'être à l'abri, mais pas l'être humain qui les surveille. Ça fait cogiter, non ?

Beaucoup s'imaginent que les agents de sécurité ne souffrent que physiquement. Les maux de dos, de mains et de doigts – en cas d'altercation. Mais c'est surtout le mental qu'il faut gérer, quand les minutes ont l'air de s'allonger. Quand tu débarques dans un endroit, que tu sens la galère et qu'il te reste dix heures à tirer. Pour tuer le temps, des collègues se sont mis à fumer, si ce n'est plus. Une cigarette te fait gagner cinq minutes. Ça n'a l'air de rien, comme ça, « cinq minutes ». Mais tu peux littéralement péter les plombs si ton collègue qui prend la relève a « cinq minutes » de retard après une nuit compliquée.

Moi, j'ai une chance : j'aime lire. C'est ce qui m'a sauvé de la clope, j'en suis persuadé. C'est ce qui m'a permis de tenir dans des bourbiers où tu ne captes pas – sans téléphone et sans wi-fi, certains peuvent devenir fous ! Dans ma boîte à gants, j'ai toujours deux ou trois bouquins. Des romans. *Voyage au bout de la nuit* de Céline, *Le Nom de la rose* d'Umberto Eco… Au château, ce soir-là, j'ai lu et gambergé en écoutant les vaches. Au petit matin, j'ai dit à mes responsables que je ne reviendrais pas la nuit d'après. Je pouvais me le permettre. La « sécu » est un petit monde, dans lequel j'ai toujours eu une bonne image. Donc du boulot assuré.

J'ai 34 ans. La moitié de ma vie, je l'ai passée dans ce milieu. Je suis devenu agent de sécurité alors que j'étais encore au lycée. À Bobigny, où j'ai grandi, j'avais ma réputation de gars costaud et solide. *[Rires.]* Des anciens de chez moi avaient monté leur société et cherchaient des gens fiables. Mon prénom leur a été soufflé. Au départ, ils avaient des contrats avec la ville pour encadrer des événements. Des fêtes de quartier, du cinéma en plein air, des petits concerts. Ils m'ont proposé de bosser un peu, surtout les étés. J'étais encore en cours, et c'était un bon plan : quand d'autres prenaient des chemins illicites pour se faire des sous, moi j'en gagnais proprement. Certains de ces anciens qui me faisaient bosser étaient allés à l'école avec ma mère, ce qui a rassuré mes parents.

Je suis resté dix ans dans cette boîte. Nous étions spécialisés dans l'événementiel. Rapidement, on m'a confié des missions plus importantes et plus huppées dans toute la région. Des concerts, des soirées privées, des événements sportifs. J'étais baraqué, ponctuel et curieux, je m'intéressais à la façon dont l'entreprise tournait. Et j'ai commencé à rencontrer du beau monde. Des artistes, des acteurs, des athlètes. Des clients riches pour qui tu es invisible ; des pointures du cinéma qui viennent te voir personnellement pour savoir si tu ne manques de rien ; des « noms » qui te méprisent à moitié et finissent par te regarder avec des cœurs dans les yeux quand ça dégénère.

Pendant cinq ou six ans, j'ai énormément travaillé la nuit. Des bourbiers, mais pas que. Il y a eu des fous rires avec des collègues de 50 ans, des discussions profondes sur la vie, des plans tranquilles aussi. Pendant des mois, j'ai gardé un bâtiment administratif en Seine-Saint-Denis. J'arrivais en début de soirée. Un petit local avait été mis à ma disposition. J'allumais de l'encens, posais un bouquin sur la table, enclenchais une série sur mon téléphone. Et mettais de la musique classique. Ça adoucissait l'obscurité, qui peut te rendre fou, irascible. Ce petit confort favorisait ma concentration. À force, j'étais devenu un repère pour les employés qui finissaient tard. « *Souleiman, ton encens est un signal pour nous, ça veut dire qu'il faut vraiment partir.* »

Pour être honnête, c'est la liberté d'organiser mon emploi du temps qui m'a poussé à continuer dans la « sécu » après le lycée. Cette liberté m'a permis de passer une licence d'arabe et de faire de la plongée – ma passion. Mon bagage scolaire brouille les pistes aujourd'hui. Certains clients sont étonnés de voir un vigile au gros gabarit, typé maghrébin, bien s'exprimer. « *Merde, il écrit des SMS sans faire de fautes d'orthographe !* » Ça m'a permis aussi de filer du jour au lendemain si j'en avais envie. Je pouvais enchaîner les heures du lundi au dimanche – j'acceptais en plus des missions de gardiennage – et dire : « *Voilà, j'ai fait 200 ou 300 heures ce mois-ci, je suis indisponible trois semaines, je pars quelque part* ».

Ça me rappelle une virée avec mon père. On a pris la voiture et on est allés tous les deux en Suède, où nous avons de la famille. En duo. En Algérie, il avait suivi des études de médecine. En arrivant en France, il fallait passer des équivalences.

> **Certains s'étonnent de voir un vigile typé maghrébin, au gros gabarit, bien s'exprimer. « Merde, il écrit des SMS sans fautes. »**

C'était décourageant. Il était devenu électricien et bossait sur les chantiers. Avant de retourner à la fac. Tout ça pour dire qu'à la maison, nous avons, mes deux sœurs et moi, été éduqués avec des livres – toutes les deux ont d'ailleurs fait de longues études.

Quand j'ai débuté, « la sécurité » n'avait pas la même connotation péjorative qu'aujourd'hui, avec toutes les dérives médiatisées sur les contrats au noir, les mecs violents ou les vigiles endormis sur leur chaise. C'était un métier plus respecté – enfin, je crois. L'époque était différente : nos interventions n'étaient pas filmées. Cet aspect a d'ailleurs profondément transformé le job : tu sais désormais que tu peux finir sur Instagram en trois secondes. Bien sûr que des gars franchissent les limites ! Mais le public n'a aucune idée des coulisses et de la pression pesant sur les gens réglos. Ta dignité profonde peut être malmenée des dizaines et des dizaines de fois au cours d'une soirée – ce que les vidéos ne montrent pas. On t'insulte, ta famille et toi, pendant un quart d'heure d'affilée, on te jette une clope à la figure, on te menace… Au début de la pandémie, quand la parano était à son paroxysme, je me souviens d'un collègue qui s'est fait cracher dessus par une fille. *« Tiens, j'ai le Covid ! »* Qu'est-ce que tu fais dans ces cas-là ? L'agent de sécurité marche constamment sur un fil : s'il craque, il perd sa carte professionnelle et bousille sa carrière. Mais la fille qui crache, que risque-t-elle ? Des gens sortent parfois de soirée heureux et euphoriques. Sans savoir que les videurs se sont bagarrés à l'entrée avec des dingues venus pour tout casser. En oubliant qu'une embrouille futile peut dégénérer en un claquement de doigts en fusillade. Et là encore, la « sécu » se retrouve en première ligne. En dix-huit ans de carrière, j'ai retenu une leçon : la bouche reste la meilleure arme. Il m'est arrivé de me répéter pendant quarante-cinq minutes avec un type alcoolisé. C'est lourd, très lourd, mais ça fait partie du job. Et ça permet d'éviter un scénario de violence dont tu ne connais pas la fin. Tu as tout intérêt à ne pas dépasser les limites dans tes interventions. Car tu peux recroiser « ta victime » dans la rue. Et là, tu es tout seul, tu n'as plus ton équipe. Si tu as déconné, je suis certain que tu récolteras ce que tu as semé.

Un jour, j'assurais la « sécu » d'une soirée avec un collègue albanais. Je n'avais pas encore roulé ma bosse. Un type charismatique, balafré sur le visage, taiseux, qui pulvériserait

> **Ta dignité profonde peut être malmenée des dizaines de fois au cours d'une soirée. On t'insulte, ta famille et toi, on te jette une clope, on te menace…**

n'importe qui. Il avait connu la guerre en Yougoslavie. Là, un gars qui voulait entrer le provoque vraiment. L'Albanais ouvre alors la bouche : « *Tu as gagné, je suis une merde, et c'est toi le champion, tu as raison.* » Le type en face se fige. Il ne s'attendait pas à ça. La tension était redescendue. Et c'était fini. J'en ai fait une philosophie. De plus en plus, je réponds par le sourire aux insultes et aux regards de travers. À 20 ans, j'aurais foncé tête baissée. Là, je m'amuse à désarçonner les plus irrespectueux. Ils ne comprennent pas. « *Il sourit, c'est étrange, ça doit cacher quelque chose.* » Parfois ils s'excusent. Ce n'était que du théâtre.

Au fil des années, ton regard s'aiguise, ton instinct aussi.
De loin, je peux quasiment deviner à qui j'ai affaire. À la démarche, aux mimiques, à la manière de s'approcher, je peux dresser un portrait-robot. Ça me donne un temps d'avance. J'ai appris que la malice humaine n'avait aucune limite : pour entrer dans une soirée, des femmes et des hommes sont capables de tous les mensonges, comme si leur vie en dépendait. Dans l'événementiel, on jongle entre les postures à une vitesse folle. Un coup, tu souris, et quelques secondes plus tard, ton visage se ferme. Ainsi de suite.

Il y a quatre ans, j'ai lancé ma propre boîte – une dizaine d'employés réguliers. Toujours dans l'événementiel. J'ai acquis assez d'expérience, y compris dans l'encadrement. Et puis, j'ai un carnet d'adresses. En tant que patron, j'ai découvert la paperasse et expérimenté les coulisses : des clients proposent des tarifs tellement bas que tu te retrouves dans l'impossibilité de payer dignement tes employés. À moins de faire du noir, de ruser et de faire appel à de pauvres gens, qui parlent à peine le français… Je me refuse à ça. C'est mathématique : moins tu paies, moins le service est de qualité – sur le long terme, la compétence coûte moins cher que l'incompétence. Au début de ma carrière, je me suis fixé un barème : jamais de mission en dessous de 10 euros nets de l'heure.

De plus en plus, des gens postulent avec la conviction que c'est une planque. Des sous, sans rien faire. J'ai vu des types chargés de la sécurité d'un site débarquer en tongs et short de cycliste, avec une demi-heure de retard. Comme si c'était normal. J'ai arrêté de bosser avec un gars qui n'avait qu'une seule mission : empêcher des voitures de se garer dans un coin de parking. Ce qu'il n'a pas fait. Pour

> Pour entrer dans une soirée, des femmes et des hommes sont capables de tous les mensonges, comme si leur vie en dépendait.

se justifier, il m'a sorti cette phrase légendaire : *« Les gens ne voulaient pas m'écouter, je ne vais pas me casser la tête avec eux. »* Alors pourquoi perçois-tu un salaire, mon ami ? *[Silence.]* La gestion humaine est la chose la plus compliquée. Tu dois tout prendre en compte. Celui qui traverse une mauvaise passe dans sa vie, tu ne le postes pas n'importe où : c'est une grenade dégoupillée.

Il faut des gros bras, mais aussi des diplomates, détendus et compréhensifs, qui savent désamorcer un malentendu à la racine.

Ça, tu dois le sentir et l'anticiper. Sur certains événements, tu dois constituer une équipe de gars complémentaires. Certains pensent à tort qu'il suffit d'avoir des costauds sous la main. C'est faux. Tu as besoin de gros bras impossibles à impressionner, mais aussi de diplomates, détendus et compréhensifs, qui savent désamorcer un malentendu à la racine.

De mon côté, je continue d'être sur le terrain. Je supervise mes gars sur des événements importants – ils représentent l'image de ma société. Et je travaille à titre personnel avec des boîtes de production, quand elles partent tourner dans des endroits compliqués. Je me suis retrouvé il y a quelques mois en Colombie pour des repérages – une série en cours. En France, j'ai aussi accompagné des équipes de tournage dans des quartiers difficiles. Parce que j'ai mon répertoire. Dans la « sécu », j'ai croisé des gars de toutes les cités et de tous les départements – je me suis fabriqué une sorte de LinkedIn de la rue. *[Rires.]* Alors, la société de production m'envoie négocier avec « les grosses têtes ». Il y a un principe de réalité : sans eux, impossible d'avoir des garanties totales de sécurité si des caméras s'installent. Je prends du plaisir à les écouter me raconter la géopolitique du lieu, les embrouilles, les rivalités, les légendes, les événements marquants – c'est comme si j'assistais à un cours d'histoire en plein air. Depuis l'hiver, je passe aussi des diplômes pour porter une arme et ajouter une ligne à mon CV : la protection rapprochée. Ce sont des missions très bien payées, qui te permettent de progresser. Pourquoi pas ? Je perfectionne mon anglais. Qui sait ? L'étranger me tente – ce serait une étape supplémentaire.

Dernièrement, je me suis fait la remarque : je ne m'énerve quasiment plus. À force de me frotter à toutes les gammes d'humains, je suis devenu un monstre de patience. Avec ma famille, mes enfants, j'ai un recul incroyable sur les choses. *[Silence.]* Tu vois, tu as toujours des excités qui te font un doigt sur la route et te sortent la pire insulte possible… Ça ne me fait plus aucun effet, comme si mon égo était une porte blindée. Je n'ai pas cinq minutes à perdre pour une embrouille avec un inconnu. J'en ai fait l'expérience : c'est beaucoup, cinq minutes.

SAJA A EU UNE FILLE AVEC UN COMBATTANT DE DAECH EN 2015. ENFANT SANS PAPIERS RECONNUS PAR L'ÉTAT IRAKIEN. ALORS SAJA UTILISE TOUTES LES ARMES À SA DISPOSITION POUR DONNER UNE EXISTENCE LÉGALE À ZUBAIDA.

Djihadistes, leurs enfants après eux

Par Florent Vergnes
Illustrations Arnaud Nebbache

Écoutez Florent Vergnes au micro de Pascale Clark pour XXI, Le Podcast, rubrique Les Coulisses.

La porte de fer rouillée claque en se refermant. Plus de brouhaha de la rue, ni de gazouillis des oiseaux. Plus de soleil. Seule la lumière pâle d'un néon, pendu à un réseau de câbles. Un couloir exigu. Une volée de marches, hautes, trop étroites pour la longueur d'un pied. Une lourde porte blindée devant laquelle zone, nonchalamment, un troupeau de godasses. Ça grince. Ça s'ouvre. Quatre murs. Bleus. Délavés. Deux rideaux. Noirs. Au mur, une horloge. Dorée. Silencieuse. Plus de piles. Un tic-tac cependant : le ventilateur au plafond tente de brasser l'air figé, alourdi de poussière et de chaleur. Il émet un râle à chaque révolution. Tout comme l'Irak.

Dessous, sur le vieux matelas écrasé par les années, une petite silhouette est allongée en pyjama mauve, recouvert d'une cascade de cheveux noirs et bouclés, éclairés par les flashs d'un smartphone. Le bla-bla d'une influenceuse s'élève : quelques conseils en arabe, à peine audibles, pour un lissage brésilien réussi. Sinon tout est silencieux. La pièce est vide.

La masse mauve bouge, les cheveux noirs glissent sur le pilou. Elle se lève, jette le téléphone, se tord le cou devant la fenêtre obstruée par la grosse clim' de chantier. À travers quelques trous dans les carreaux dépolis, on aperçoit la rue. Sur les portes voisines, des impacts de balles, les griffures profondes dans le béton, laissées par l'explosion d'une roquette. Mossoul. Mais Mossoul-Est. Ici, le quartier a bien moins morflé que de l'autre côté du Tigre, où se situait la vieille ville. « *Maman, on va à la garderie ?* », répète l'enfant.

Une jeune femme de 27 ans, visage rond dominé par de grands yeux effilés, sort d'une pièce sombre. Elle ajuste son foulard rose, récupère le téléphone et s'assied en tailleur ; pose sa frêle gamine sur ses genoux, glisse l'appareil entre ses mains. Elle ne dit rien, regarde l'écran. La voix nasillarde de la chanteuse Tones and I et son insupportable « Dance Monkey » s'échappent du téléphone et saturent la pièce. Saja dépose un baiser sur la joue de sa fille, blanche comme du lait : Zubaida. Elle l'appelle parfois Zaina, ou encore Akhma. Quelle importance, la gamine n'existe de toute façon pas.

En plus de miner les maisons, les membres de l'État islamique (EI) ont laissé derrière eux une tripotée de descendants, plus ou moins désirés. Pour pérenniser le califat, il fallait produire de nouveaux combattants. En Irak, plus de 45 000 enfants sont nés sans papier d'identité, selon l'ONG Norwegian Refugee Council. C'est le cas de Zubaida. À sa naissance, en juin 2015, elle a reçu un joli document tamponné d'un drapeau djihadiste noir au rond blanc qui lui interdit aujourd'hui l'accès à la société. Son père faisait partie de l'État islamique, Daech, comme on l'appelle ici. Tout comme son oncle, son grand-père et sa mère.

Petite grippe idéologique

Quand Saja naît le 20 mars 1994, ses parents, Myriam et Radwan sont heureux. Évoquant ses grands yeux noirs, sa peau claire et ses cheveux châtains, Radwan répétait que c'était de loin la plus belle de ses filles, qui deviendrait facile à marier. Du moins ce sont les souvenirs que relate aujourd'hui la voisine, Layla. La femme, qui a sept ans de plus que Saja, l'a vue grandir dans le jardin attenant à sa concession. Elle connaît bien la famille car, à Mossoul, la réputation se fait dans la rue. La politesse, la capacité à prêter de l'argent, l'attitude vis-à-vis de ceux d'à côté sont soigneusement scrutées, retenues, commentées.

Saja vient donc d'une famille sunnite plutôt bien lotie et d'ancienne lignée. Son grand-père, riche et influent, était très respecté dans sa rue. C'est la cadette, derrière une sœur, Zakia, et un frère, Fahad. À l'époque, son père, Radwan, est gradé dans l'armée de l'air. Il se remet à peine de la guerre du Golfe, terminée début 1991. Comme tous les fonctionnaires, il a l'obligation d'adhérer au parti Baath de Saddam Hussein. Sans rouler sur l'or, la famille a une vie confortable et sans trouble majeur. Mise à part une petite grippe idéologique entre Radwan et son frère. Assez classique, rien de bien grave. Ce dernier a rejoint les Frères musulmans, mouvement politique et religieux panislamiste, qui s'oppose à Saddam Hussein sur l'issue de la guerre du Golfe. Radwan s'en fiche un peu, préférant sa carrière à la politique. Il fait ses cinq prières quotidiennes et c'est déjà bien. Pour le reste, il suffit de paraître sympathique aux voisins.

En 2003, alors que la France refuse d'intervenir militairement en Irak, les États-Unis mettent à bas Saddam et ses fils, occupent le pays et entament ce qu'ils appellent la « débaathification ». Une chasse aux sorcières qui laissera environ 200 000 fonctionnaires, dont Radwan, sans emploi. Al-Qaeda, mouvement islamiste terroriste créé en 1988, gagne en popularité, notamment auprès des jeunes, en prenant part à la guérilla contre l'occupant américain. Saja, 9 ans, joue dans les rues de Mossoul. De cette époque, elle garde surtout en mémoire le ronronnement des moteurs : Radwan, passionné mais fauché, achète des vieilles BMW qu'il répare pour les revendre. Il gagne 300 dollars par mois. Juste assez pour faire vivre sa famille. Loin du faste d'antan. Les doigts dans le cambouis, il tente de faire bonne figure, mais

Saja embrasse sa fille, Zubaida. Elle l'appelle parfois Zaina, ou Akhma. Quelle importance, la gamine n'existe de toute façon pas.

il fulmine. En 2006, Saddam Hussein est tué. L'Armée des hommes de la Naqshbandiyya, un groupe de baathistes déchus, commence elle aussi à mener des actions dans les rues de Mossoul contre les Américains. Radwan la rejoint, fort de son expérience militaire. La relation entre Radwan et son frère se durcit. Jusqu'à la rupture. Saja ne se souvient plus très bien comment ça s'est passé, mais elle revoit son père accablé. Il a changé.

En 2014, l'armée de l'État islamique – fondé en 2006 par Al-Qaeda et d'autres groupes djihadistes – envahit Mossoul. D'anciens fonctionnaires du Baath sont intégrés dans le califat autoproclamé de Daech, à l'instar de Radwan. Soldat d'élite, il retrouve un emploi, haut placé, et sa fierté masculine. Travailler pour les nouveaux maîtres de la ville est l'occasion de prendre sa revanche. Layla, la voisine, le revoit, criant son appartenance dans les rues, menaçant son frère et ses infidèles de voisins. Les voisins… il s'en fout, ils ont peur maintenant. Tout le monde a peur de Daech.

Et Myriam ? Elle suit son mari. Quoi qu'il fasse. Comme elle le dit elle-même, c'est ce qu'on lui a appris, et c'est ce qu'elle inculque à Saja. Fahad, lui, suit le chemin de son père et embrasse l'EI. Il veut faire payer à son oncle, aux

Américains et à l'Occident tout entier, les maux de l'Irak. Saja se souvient qu'il se prenait pour un moudjahid, combattant au service de la foi. Un jour de juillet 2014, elle et sa mère prennent le cabas pour aller au marché, des résistants organisés en milice prennent les armes contre l'oppresseur. Fahad, lui, prend une de leurs balles en pleine tête.

« Je veux être docteure plus tard ! »

En cet étouffant mois de juin 2021, Saja a allumé la clim'. Entre les quatre murs bleus, un bruit de tracteur sature le petit appartement. Tous les jours, la jeune mère se lève à 7 heures. Puis réveille Hafsa, son aînée, née d'un premier mariage peu avant que Daech mette en place son administration. Même si elle n'a plus de père, assassiné avant sa naissance, Hafsa possède une carte d'identité de l'État fédéral. Alors, tous les matins, le petit déjeuner avalé – du pain, du zaatar et un peu de lait –, Hafsa peut retrouver la rue poussiéreuse, direction l'école. Quand sa petite sœur reste enfermée.

Ce matin, Zubaida saute de matelas en matelas.

« *Je veux aller à la garderie !* crie-t-elle en pleurant.

— *Tu veux lire ?* », répond sa mère.

Sans papiers, pas de garderie, ni d'école. Avec les moyens du bord, Saja lui fait l'enseignement à la maison. Ensemble, elles lisent aujourd'hui la sourate de la vache sur un Coran élimé. Zubaida sait déjà reconnaître les lettres. Sa mère envisage de demander à une cousine de lui prêter « *des vrais livres d'école* ». Elle trouve sa gamine intelligente, c'est du gâchis. « *Je veux être docteure plus tard ! Avec des aiguilles et tout !* », clame la petite. Saja rigole, les yeux pleins de larmes.

Zubaida se blottit contre sa mère, la tête sur ses genoux. Elle saisit le Coran, en fait un avion. Depuis que l'État islamique a été chassé de Mossoul en 2017, le gouvernement mène une véritable chasse aux sorcières contre les familles de djihadistes. Saja a peur, de tout, tout le temps. Qu'on lui retire sa fille sans identité. De ne pas pouvoir prouver sa filiation. Peur de la police, des voisins, de la dénonciation. Peur pour la santé de sa fille, aussi. « *Je préfère que tu ne sortes pas.* »

Haute d'un petit mètre pour quinze kilos, Zubaida est très fragile. La nuit, elle souffre de crises d'asthme. Sa mère fait venir un médecin du quartier, qu'elle paie cher. Il pose son diagnostic, mais pas de questions, prend l'argent et s'en va. Pour les médicaments, la jeune femme envoie sa mère, Myriam, pour éviter d'affronter le regard des voisins. Personne n'est au courant de l'existence de la petite. Pas même le mukhtar, le chef du quartier.

Des barbus en pantalons courts

À Mossoul, accuser son voisin d'être un sympathisant de l'État islamique est monnaie courante. Par vengeance, par mépris ou par peur. Dehors, la paranoïa est aussi agressive que les rayons du soleil. Alors Saja ne sort plus, sauf pour les courses. Et quand Hafsa frappe à la porte en rentrant de l'école, la jeune mère sursaute. Zubaida, jalouse, quitte la pièce.

Le père de Zubaida s'appelle Abdallah. Du moins, c'est le nom qu'il se donne. Saja raconte qu'elle a croisé pour la première fois le regard de son futur mari lors des

> Avec les moyens du bord, Saja fait l'enseignement à la maison à sa fille. Ensemble, elles lisent la sourate de la vache sur un Coran élimé.

funérailles de son frère, Fahad. Elle a alors 20 ans, elle est veuve depuis peu. Elle a vu arriver ce type, de six ans son aîné, avec un cortège de barbus en pantalons courts, cheveux longs, 9 mm à la ceinture. L'inconnu se présente comme un ami du défunt. Myriam se méfie. Elle connaît les proches de son fils. Celui-ci n'en fait pas partie. Au-dessus du corps de Fahad, il entame une conversation avec les hommes du clan. Ne connaît-on pas une fille à marier? Il est un bon musulman, il est seul. Chez Daech, il est de tradition de réserver les plus belles femmes de la famille aux combattants nouvellement convertis. Comme Abdallah.

Celui qui deviendra un temps son mari n'a pas toujours porté ce nom de bon musulman : il est né à Tel Kaif, une ville chrétienne du nord de l'Irak, à une trentaine de kilomètres de Mossoul. Accusé du viol d'une voisine à 17 ans, il a atterri en 2005 dans la prison de Badoush, connue pour ses méthodes expéditives et ses conditions de vie inhumaines. C'est là qu'il a rencontré Al-Qaeda. La majorité des 2 000 détenus faisaient en effet partie de la nébuleuse islamiste. Pour sa survie, le chrétien de Tel Kaif a pris le nom du « serviteur d'Allah ». Il entre alors dans le réseau, ou prétend y entrer. En 2014, l'État islamique qui déboule dans Mossoul a besoin de combattants. On ouvre les grilles de Badoush. On élimine au passage plus de six cents prisonniers kurdes et chiites d'une balle dans la nuque. Les sunnites entrent dans les rangs de l'État islamique. Abdallah devient un moudjahid. Qu'il joue la comédie ou pas, il doit continuer sur sa lancée, sinon c'est la corde au cou. Dans son élan, il cherche la compagnie d'une femme de l'État islamique. Radwan est aux anges. Sa meilleure fille : veuve. Un combattant de Daech bien placé : célibataire. *Yallah !*

Mais la principale intéressée ne veut pas. Les hommes de la famille font pression. « *Tu deviens vieux, Radwan*, argumentent-ils au bout d'un mois. *Tu as perdu ton seul fils, tu peux mourir à n'importe quel moment. Que va-t-on faire de cette veuve ? Quand tu ne seras plus, tes collègues de l'État islamique vont peut-être venir et la prendre de force. Marions-la avec ce gars, et khalass !* » Saja refuse. Radwan pleure, implore Dieu. Elle voit son père en larmes pour la première fois. « *Fais comme il te plaira* », finit-elle par lâcher. En trois jours, le mariage est plié. Le 8 shawaal 1435 du calendrier islamique – 4 août 2014 –, Saja arrive devant le tribunal islamique. De grands drapeaux noirs au rond blanc flottent dans le ciel moite de Mossoul. Devant témoins, le juge demande : « *Veux-tu de ce mari ? L'acceptes-tu ?* » Silence. Le cadi répète la question. Nouveau silence. Il s'énerve et reformule. Saja regarde son père, il a les yeux rouges. Elle sait que l'EI lui ferait payer un refus. « *Oui.* »

Le troisième soir, Abdallah débarque à la maison du père. C'est l'heure de réclamer son dû. « *On est restés cinq jours sans se parler. Quand il venait pour me prendre, je refusais et me mettais à pleurer. Mais au final, que pouvais-je faire ? Il m'a violée plus d'une fois. Je n'obéissais à aucun de ses ordres. Notre vie ensemble ressemblait plus à une guerre. Je m'en souviendrai toute ma vie. En particulier de son visage, impitoyable.* »

« Douce comme de la crème »

Le 11 juin 2015, Saja est à l'hôpital. Elle pousse. Elle saigne. Ça ne vient pas. Le médecin ouvre le ventre en catastrophe. Ça crie. L'enfant est née. Elle aimerait l'appeler Akhma. C'est joli, Akhma. Elle rentre chez elle. Elle est seule. Abdallah fait la guerre. En tout et pour tout, elle n'a dû le voir que quelques mois. En général, il vient, la viole, s'en va. Elle le soupçonne de voir d'autres filles. « *Ce n'est pas un vrai musulman.* » Mais elle se donne à lui, c'est ce que Myriam lui a appris.

Quatre jours après la naissance, il débarque, mécontent. Il ne voulait pas de cet enfant.

« *Elle s'appelle Akhma.
— Non, ce sera Zubaida.* »

Zubaida, c'est bien, ça fait sunnite, ça colle avec l'idéologie de Daech. En plus, ça veut dire « *douce comme de la crème* ». Ça tombe bien, la gamine est blanche comme du lait. Après la naissance, Abdallah, obligé de rester à la maison, devient irascible. Il n'aime pas sa fille. Quand il passe près d'elle, il la pousse du pied. Dans les jours qui suivent, Saja entend Abdallah au téléphone avec sa famille de Tel Kaif et, trois mois après la naissance, il lui annonce qu'il va se réfugier en Turquie et redevenir chrétien, qu'il ne veut pas mourir. Il partira sans

> « Quand il venait pour me prendre, je refusais et me mettais à pleurer. Il m'a violée plus d'une fois. Notre vie ensemble ressemblait plus à une guerre. »

elle. Fuir sa famille sans l'aider, ce n'est pas très classe. Fuir l'État islamique, c'est passible de mort. « *Si tu parles à qui que ce soit, je bute ton père*, menace-t-il. *On va le prendre dans un coin et on va le fumer, sois-en sûre.* »

Les semaines suivantes, au téléphone, ils s'engueulent. Ça dégénère. Elle harcèle les proches d'Abdallah. Ne veut pas rester seule dans un Mossoul tenu par les djihadistes. Surtout, elle veut comprendre. Sa propre famille lui explique que c'est de sa faute, qu'il faut laisser son mari tranquille. Saja se rend au tribunal islamique de Mossoul, demande le divorce pour faute grave, pensant que la démarche fera réagir son mari. Le juge accepte. Abdallah fait l'objet d'une fatwa, pour désertion. Quand elle l'appelle pour le lui annoncer, il panique et bloque son numéro sur son téléphone. À partir de ce moment, Saja reste enfermée chez elle, craignant qu'un nouveau combattant la prenne de force.

2017, un an après le départ d'Abdallah, les forces coalisées lancent l'assaut sur la ville pour faire tomber l'État islamique. Mossoul-Ouest est encerclé. Les femmes de la famille partent au front pour soutenir les hommes de Daech prêts à mourir pour Dieu et ses vierges. Sauf Saja, sans mari, qui reste chez une tante.

Trouver des témoins

Les frappes aériennes. Les roquettes. Les snipers. Quand le feu de l'enfer s'éteint, Mossoul est un mille-feuille de débris farci de cadavres. Myriam, la mère de Saja, est blessée au ventre. Zakia, sa sœur, ne parle plus, atteinte de multiples impacts d'obus. Son neveu aussi est blessé. Sa nièce, 5 ans, a été tuée par une frappe aérienne, tout comme la fille de Fahad, 8 ans. Le beau-frère de Saja, ses oncles, son père, sont morts. « *On est censés avoir quelle émotion ? On doit faire quoi ? Pleurer les morts ? Ou rire de la survie des autres ?* » Saja est perdue. Les routes sont filtrées par les milices chiites. La chasse à Daech commence. Sa fille a 2 ans, elle commence à la cacher.

Juillet 2021. Mossoul s'enfonce de plus en plus dans l'été. Cinquante degrés au

La jeune mère a tenté de faire imprimer une fausse carte d'identité pour la petite. Elle était confectionnée avec les pieds, collée au scotch.

mercure. Même les murs bleus transpirent. Saja et Myriam, assises au milieu de vieux papiers élimés, tête contre tête au-dessus du téléphone. Elles ont pu rester dans leur ville et leur logement, alors que beaucoup de combattants et présumés sympathisants de l'EI se sont fait chasser à la libération en 2017.

« *Allô, maître ?*
— Non, son assistant, c'est pour quoi ?
— *Je suis la dame qui vous a appelé pour l'histoire des papiers d'identité.*
— Oui. Je vois. Vous avez trouvé les témoins ?
— *Non, pas encore, je voulais savoir si…*
— Écoutez, il faut les témoins, on en a parlé. Vous allez les trouver. Inch'Allah.
— *Inch'Allah.*
— Merci. Que Dieu veille sur vous. »

Clac. Silence dans la pièce. Zubaida joue sur le téléphone de Saja, qui la regarde. « *Comment va-t-on faire ?* »

La jeune mère a bien tenté de faire imprimer une fausse carte d'identité pour la petite, par un gars de Bagdad. Avec l'aide de sa mère, elle a payé 300 dollars. Une grosse somme. Mais la carte était confectionnée avec les pieds, collée au scotch. Saja a appelé le faussaire pour se plaindre ; le numé-

ro n'était plus attribué. Alors, il y a quelques mois, la jeune femme a contacté cette avocate, qui est kurde. En dehors de la famille, c'est l'une des rares personnes à être au courant de la situation. Ironie du sort, c'est Daech qui paie ses frais. Depuis la Turquie, les djihadistes en fuite versent une rente, la *kafala* – le «parrainage» –, pour garder les familles sympathisantes ou aux abois dans leur giron. Saja, qui reçoit cette somme de membres éloignés de sa famille, n'aime pas jouer sur les deux tableaux mais, en tant que fille de martyr, son enfant a droit à cet argent. Elles ne peuvent se permettre de le refuser. Pourvu que Daech n'apprenne pas à quoi il est destiné…

Pour l'avocate, une seule issue, amorcer le processus de la *tabryia*. En Irak, une femme veuve peut dénoncer au tribunal l'un de ses parents membre de Daech. Le juge peut alors décider de délivrer un document, la *tabryia* – le désaveu –, qui donnera le feu vert à la réhabilitation de la personne au sein de la société. Reconnu par une partie de l'État irakien, ce papier est le seul recours des familles proches de l'EI qui ont été ostracisées après la reprise en main du pays par l'armée irakienne. Pour pouvoir réintégrer la société et ne pas être poursuivies en justice, de nombreuses veuves de Mossoul ont ainsi dû se rendre au tribunal pour dénoncer un époux, un frère ou un père. Cela leur confère le statut de victime de Daech. Mais le processus est long, complexe et risqué. Dans un pays clanique où la loyauté parentale est primordiale, recourir à la *tabryia* peut isoler les femmes et leur faire perdre un réseau dont elles ont besoin. Comme le souligne un rapport de l'International Crisis Group, certaines ont été menacées de représailles et d'enlèvement de leurs enfants par des beaux-parents en colère qui se sentaient diffamés par leur témoignage.

Saja a peur d'aller devant le tribunal, de s'exposer au regard public. Elle sait que le juge est au courant qu'Abdallah était chrétien, elle craint d'être accusée de l'avoir converti de force. Il sait aussi que Radwan, son père, était haut placé dans le califat. Elle aura du mal à passer pour une victime. Dans Mossoul, tout se sait. Alors il faut qu'elle trouve des témoins qui expliquent qu'elle a été sous emprise de son mari. Qu'elle n'a pas choisi d'embrasser le califat. Qu'elle est victime de sa famille, de la société. Victime de l'histoire de l'Irak. Deux témoins de sexe masculin, les seuls crédibles aux yeux de la justice irakienne. Seuls les hommes ont la capacité de développer un réseau, de soudoyer – si besoin – des interlocuteurs pour obtenir des témoignages… On frappe à la porte. Un homme passe la tête.

Épouser un homme et son réseau

Saja range les papiers, Zubaida balance le téléphone qui vole à travers la pièce. « *Baba !!!!* » Elle fonce comme une balle dans le ventre d'un jeune homme courbé, hâlé et famélique. Un petit bouc sur le visage, du gel dans les cheveux, il embrasse la gamine, saisit son propre téléphone et s'installe sur le matelas. Depuis quelque temps, Saja a décidé d'épouser un homme et son réseau. Elle a choisi Omar, 24 ans. Un voisin du dessus. Il est jeune, issu d'une famille

Il lui faut convaincre qu'elle n'a pas choisi d'embrasser le califat. Qu'elle est victime de sa famille, de la société, de l'histoire de l'Irak.

pauvre. A des airs de *geek*. Saja ne le trouve pas très beau. Ni très vaillant : « *C'est un enfant dans le corps d'un adulte. Il ne pense qu'à jouer.* »

Mais il aime Zubaida, c'est tout ce qui compte. Omar vient de Rabyah, dans le sud du pays. Outre le fait qu'il a accepté Saja et son histoire sans rechigner, il porte les armes pour les brigades chiites du Hachd al-Chaabi, un conglomérat de combattants mobilisés spontanément en 2014. Pour avoir participé à la chute de l'État islamique, ils sont vus comme les libérateurs de Mossoul. Aujourd'hui, cet ensemble bigarré de soldats n'a plus rien d'une coalition. Depuis son intégration partielle à l'armée régulière, le Hachd al-Chaabi est devenu une force de sécurité parallèle politique à part entière, financé par l'Iran, consolidant les intérêts de la République islamique chiite en Irak. Omniprésent dans le pays, il permet à des jeunes sans emploi de porter les armes, asseyant ainsi sa popularité auprès de la population pauvre et rurale.

Quand Omar a rejoint ses rangs en 2017, il n'avait pas franchement la carrure pour l'armée. Il a frappé à la porte de ceux qui acceptaient tout le monde en échange d'un bas salaire. Tous les quinze jours, il part à la frontière syrienne pour contrôler des papiers d'identité aux checkpoints ou chasser des poches de résistance de Daech. Puis il revient à Mossoul, passe quelques jours chez ses parents et rend visite à Saja.

« *Zuzu ! Viens là !* » Omar prend la gamine sur ses genoux et joue sur son téléphone. Si Hafsa refuse de considérer Omar comme son père, arguant que le sien est mort il y a des années, Zubaida y croit. Ou fait comme si. Ce sont pourtant les Hachd al-Chaabi qui pourraient la placer en centre de détention pour mineurs puisqu'elle est sans papiers, et envoyer sa mère en prison à perpétuité, s'ils lui mettaient la main dessus. Depuis la fin de l'État islamique, dans tout le pays, les brigades traquent ses anciens membres. Et, bien qu'appréciées par le peuple, se transforment petit à petit en mafia, multipliant exactions et racket. Saja en a peur, plus encore que de la police. En épousant Omar, elle espère changer le cours de sa vie.

Pour son avocate, le dossier de l'enfant reste cependant très compliqué. La *tabryia* est nécessaire mais pas suffisante pour que Zubaida puisse vivre normalement : elle ne sert qu'à réintégrer la famille au sein de la société, en lavant ses membres de tout soupçon et en empêchant des poursuites judiciaires contre eux. Le document ne tient pas lieu de papier d'identité. Et, puisque le certificat de naissance délivré par l'État islamique n'est pas reconnu par l'Irak, il faut prouver la filiation de Zubaida : Abdallah refuse et sans le père, la démarche a encore moins de chance d'aboutir. L'idée de l'avocate est donc de déclarer Zubaida comme la fille d'Omar. Il semble prêt à reconnaître la gamine comme étant la sienne. Sauf que sa famille voit cette union d'un très mauvais œil.

> Le couple est en froid. Saja avait trouvé un emploi dans une crèche. Mais Omar refuse : elle pourrait y rencontrer des hommes.

« *Clac-clac… Tatatata !* » Le son des armes de *PUBG*, un jeu en ligne, vient s'ajouter au vacarme de la clim'. Au-dessus de ses papiers, Saja toise son nouveau mari. « *Il va falloir que l'on parle de la* tabryia. *Il faut convaincre ta mère et ton père.* » Tatatata ! Clac-clac. « *Oui, oui.* »

Évasif. Omar tire.

« Headshot *!*

— *Il faut qu'on arrive à inscrire Zubaida à l'école »*, insiste Saja.

Le jeune homme sourit, il vient de récupérer un M16 virtuel. À cause de son prénom sunnite, il est le souffre-douleur de son unité, alors, faute de vivre la guerre, il y joue quand il est à la maison. Saja est lassée de son attitude. De plus, le couple est en froid depuis quelques jours. Elle avait trouvé un emploi dans une crèche par le biais d'une tante. Elle était prête à sortir de chez elle et saisir l'occasion de faire entrer Zuzu dans un établissement. Mais Omar refuse : elle pourrait y rencontrer des hommes. Il est très jaloux. Un bruit de rafale d'automatique, un soupir. Il éteint son téléphone et s'en va.

En échange d'un petit billet

La lumière est aveuglante en cette matinée d'août 2021. La lourde porte de fer claque derrière Saja et sa mère, serrées l'une contre l'autre dans le brouhaha de la rue. Un taxi les hèle. Saja et Myriam ont décidé de prendre les choses en main et d'affronter l'extérieur pour plaider leur cause devant le comité des fatwas chiites.

Les grands drapeaux chiites noir et vert flottent dans le ciel moite. Dessus, des kalachnikovs et dans un coucher de soleil, le visage doux du prophète Ali. Devant les sages, les cadis, Saja explique. Elle cherche des gens pour jurer sur le Coran, pour faire une *tabryia* et témoigner que sa fille est celle d'Omar et non d'Abdallah. Elle veut pouvoir le dénoncer. C'est un cas de force majeure. Sa fille, vous comprenez ? Sans identité. Pas d'école, ni d'hôpital. Son mari fait partie du Hachd al-Chaabi. Il aime sa fille comme sa chair. La petite est malade. Si elle a une carte d'identité, Saja la fera renommer Zaina, comme la fille du prophète Ali.

La réponse du chef religieux est sans appel. « *Celui qui posera la main sur le Coran et jurera pour vous sera voué aux enfers.* » Saja pleure. De retour à la maison, avec sa mère, elles appellent à tour de bras des cousines, des tantes, des sœurs, pour voir si un mari ne voudrait pas poser la main sur le Coran en échange d'un petit billet, histoire de mentir en disant qu'Omar est le père de Zubaida. Mais tous refusent, ils ne veulent pas être associés à l'État islamique. Pire : depuis la visite aux cadis, Omar a changé d'avis. Il veut garder son ticket pour l'au-delà. Tous ont peur, de Daech, du gouvernement ou de l'enfer. Voire des trois à la fois.

Un mois plus tard. Sept heures du matin. Saja est réveillée par une tempête de sable. Dans son lit, Zubaida est faible, plus pâle que d'habitude. Elle tousse. Thermomètre : 39,5 °C. Hafsa part à l'école. Zuzu, dans le lit, ne bouge plus. Elle est bouillante. Sa mère lui donne du paracétamol, en vain. Elle tousse de plus en plus fort.

Midi. Saja court dans la rue bondée. Elle saute dans un taxi, sa fille dans les bras. Direction les urgences. La salle d'attente où se mêlent odeurs de sueur et de formol. Plein de mères. C'est son tour. Elle se lève. Prend sa fille, le docteur l'examine.

« *C'est à cause de la tempête. Elle est fragile. Elle est malade dès qu'il fait trop chaud ou trop froid* », explique-t-elle au médecin.

Perfusion et oxygène. À ce stade, pas besoin de carte d'identité. Un après-midi passe. Zubaida va mieux. Elle sourit, elle parle. Mais Saja n'est toujours pas à l'aise. L'urgentiste entre dans la chambre : « *On va transférer votre fille au service ambulatoire. On doit la garder sous surveillance quelques jours. Je vous laisse voir à l'accueil pour l'enregistrement, puis libérez la chambre.* »

Saja suit le long couloir. L'accueil.

« *Il me faudra la carte d'identité de votre enfant pour l'enregistrer.* »

Saja se glace. « *Je vais la chercher, les papiers sont à la maison.* »

Le long couloir, la porte, sa fille sur le lit. Saja reste là. Six heures du matin. Le médecin s'arrête à nouveau :

Tous refusent d'être associés à l'État islamique. Pire : depuis la visite aux cadis, Omar a changé d'avis. Il veut garder son ticket pour l'au-delà.

« *Pourquoi n'avez-vous pas changé de service ? Il faut libérer les lieux !*

— *Je ne peux pas la laisser seule pour m'occuper des papiers.* »

Le docteur est perplexe. À Mossoul, tout le monde se méfie. Prise de peur, Saja arrache une Zubaida à demi-vêtue du lit, file vers la sortie au pas de course.

« *Vous ne pouvez pas sortir votre enfant, madame, c'est contre l'avis du médecin*, lui dit la secrétaire à l'accueil.

— *J'ai une autre petite à la maison, je dois m'en occuper.*

— *Si vous partez avec votre fille malade, c'est votre responsabilité*, assène la secrétaire, en exhibant un papier à signer. *Vous devez en assumer toutes les conséquences.* »

Saja signe. Elle sort. Dehors, la chaleur de plomb. Taxi. Deux mille dinars. Elle entre chez elle. Plus de soleil. Un couloir exigu. Une lourde porte blindée devant laquelle zone, nonchalamment, un troupeau de godasses. Ça grince. Ça s'ouvre. Quatre murs. Bleus. Délavés. Deux rideaux. Noirs. Au sol, des matelas écrasés par les chaudes années. Bariolés. Saja jette son sac dessus. Au mur, une horloge. Dorée. Silencieuse. Plus de piles. Zubaida tousse. Un tic-tac cependant : le ventilateur au plafond tente de brasser l'air figé, alourdi de poussière et de chaleur. Il émet un râle à chaque révolution. Tout comme l'Irak.

Une ancienne voisine

Quand une amie chercheuse m'a parlé de l'histoire des enfants apatrides d'Irak, je me suis dit que ce serait une opportunité pour expliquer l'une des crises les plus complexes du pays par le prisme d'une famille. Mais entrer dans l'intimité de ces familles dont un membre a fait partie de l'EI a été extrêmement dur. Elles sont peu nombreuses à vouloir s'exprimer, de peur de représailles de la police ou de la population. Trouver une traductrice n'a pas été chose facile non plus. Beaucoup hésitent à s'approcher de ces veuves, de peur d'être accusées elles-mêmes de soutien à l'EI. Après avoir rencontré six familles et trois traductrices différentes, un ami journaliste m'a présenté Layla. Elle fut directrice du département archéologie et antiquités de Mossoul. Elle avait passé son enfance dans cette ville, et parlait très bien anglais, arabe et kurde. Quand je lui ai expliqué mon projet, elle m'a tout de suite parlé de Saja, son ancienne voisine.

Pour chaque visite, il fallait être très discrets. Nous prenions le taxi, évitant le plus de checkpoints chiites possibles, pour nous arrêter à deux rues de l'appartement de Saja et pousser la porte de fer quand les environs étaient vides. Pendant quatre mois, je me suis rendu chez Saja deux jours par semaine. Et c'est Layla qui m'a apporté des précisions sur la vie de la famille avant l'EI, sur les histoires intimes qui ont poussé Radwan à rejoindre le califat. Elle a aussi permis de recouper les informations données par Saja et par sa mère, Myriam.

FLORENT VERGNES

Les « lionceaux du califat » en cage

Le camp de déplacés de Hassan Sham, à l'est de Mossoul, se trouve dans une zone tampon qui marque la frontière entre l'Irak fédéral et le Kurdistan irakien, deux régions d'un même pays mais dont les lois divergent. Enserré par une clôture barbelée, un parterre de tentes sous haute sécurité où vivent des réfugiés accusés d'appartenir à l'État islamique. C'est le cas de Khalil. Il vient de Bahaj, en banlieue de Mossoul. Il avait 12 ans en 2015, quand il a décidé, avec un ami, de rejoindre les « lionceaux du califat », groupes d'enfants combattants entraînés par l'État islamique. Mais, après seulement onze jours au sein de Daech, son père l'a retrouvé et ramené à la maison. Quand il a fui avec sa famille en 2016 pour le Kurdistan irakien, Khalil, dont le nom est sur la liste des « lionceaux », a été arrêté à la frontière par les Kurdes car les membres de l'EI sont pourchassés. Il a été condamné à un an de prison à Erbil. Après avoir purgé sa peine, il s'est retrouvé bloqué : il ne peut plus aller à Mossoul, où il risque la prison à perpétuité, ni au Kurdistan où il est interdit d'entrée. Il est donc apatride.

Pour le moment, Khalil et sa famille bénéficient du flou juridique qui règne à Hassan Sham, disputé par l'Irak fédéral et le Kurdistan irakien. Mais, avec la relative stabilité qui s'installe dans le pays, les camps du pays pourraient fermer. Certes les conditions de vie y sont difficiles, mais les quelque 6 000 familles déplacées ont perdu leur maison, et beaucoup risquent la prison, qu'ils aient été de vrais combattants ou non. **F. V.**

Les milices chiites font la loi

À partir de 1995, les États-Unis lancent des sanctions contre l'Iran, accusé de soutien à des groupes terroristes internationaux. Le pays se tourne alors vers l'Irak, d'où il tire la plupart de ses revenus grâce à des capitaux illégaux. L'ascendant de l'Iran sur l'Irak s'accroît ainsi d'année en année. Son bras armé : les milices paramilitaires à majorité chiite du Hachd al-Chaabi. Financées par l'Iran et intégrées aux forces irakiennes depuis qu'elles ont joué un rôle capital dans la lutte contre l'État islamique, ces brigades sont devenues une force politique incontournable. À partir de 2019, des manifestations éclatent en Irak pour dénoncer l'influence de l'Iran, déclenchant des élections législatives anticipées qui laissent le pays sans gouvernement. En réaction, les miliwces chiites de Moqtada al-Sadr, formées avec le soutien de l'Iran également, envahissent les institutions de l'État. Les répressions par le Hachd al-Chaabi font entre 470 et 600 morts dans le pays. Depuis, les milices s'institutionnalisent ; elles représentent désormais une force politique d'ampleur, avec 138 députés issus de la coalition pro-Iran, sur les 329 qui composent l'hémicycle irakien. **F. V.**

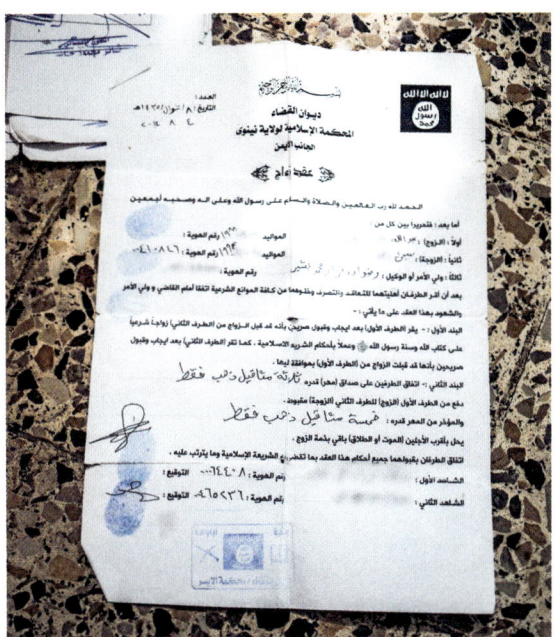

Le contrat de mariage de Saja et Abdallah, signé le 4 août 2014, sous les armoiries de l'État islamique.

Les femmes au cœur de la stratégie du califat

Outre les attentats sur le sol européen menés par l'État islamique, c'est le départ de femmes en Irak et en Syrie qui a été extrêmement médiatisé. Cette pratique se veut un hommage à l'exil du prophète Muhammad de La Mecque vers Médine : l'hégire, la « hijra ». Concrètement, le terme désigne l'installation en terre musulmane pour mieux vivre sa foi. Mais pour les femmes de l'État islamique, il s'agissait d'enfanter la prochaine génération de combattants, les élever dans la radicalité, prendre soin d'eux et assouvir les demandes sexuelles des pères moudjahidine de ce proto-État localisé à Mossoul. Dans un second temps, elles devaient recruter d'autres « sœurs », mener des actions de renseignement et préparer des explosifs. L'État islamique comptait sur le fait que les femmes sont peu visibles dans la société irakienne. Ce qui a valu à ces dernières d'importantes représailles lors de la chute du califat. La commission irakienne des droits de l'homme recense plus de 520 cas d'enfants apatrides nés de la *hijra*, dont beaucoup venaient d'autres pays. Le nombre réel serait bien plus élevé selon l'ONG Norwegian Refugee Council, car 45 000 enfants déplacés dans les camps entre 2014 et 2017 ne disposent pas d'un certificat de naissance, ni d'aucun autre document civil délivré par l'État irakien. **F. V.**

© FLORENT VERGNES

À lire, à voir

Enfants de Daech, les damnés de la guerre
documentaire d'Anne Poiret, 2021

La réalisatrice se penche sur l'avenir des enfants nés de parents membres de l'État islamique en Syrie et en Irak, encore bloqués dans les camps sous contrôle kurde. Quelles perspectives pour ces enfants ? Quel est le risque pour la société à les stigmatiser ? Rencontre avec une génération perdue, pétrie de frustrations et d'espoirs déçus.

Ashbal, Les lionceaux du califat
documentaire de Thomas Dandois et Francois-Xavier Tregan, 2017

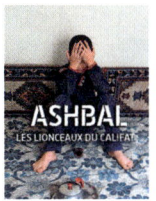

Ils ont 16, 12 ou 15 ans et ont été recrutés dans les camps d'entraînement de Daech en Syrie. Dans une série de témoignages glaçants, ils abordent les exécutions qu'ils ont menées, leur fuite de l'État islamique ou leur regret de ne pas avoir assez combattu.

Que sur toi se lamente le Tigre
d'Émilienne Malfatto
éd. Elyzad, 2020

Alors qu'elle attend un enfant hors mariage, une femme irakienne va subir l'implacable « justice d'honneur » des hommes. Mêlant histoires vécues et texte antique de Gilgamesh, ce roman nous plonge dans le quotidien des femmes au sein de la société traditionaliste irakienne.

Retour à Bagdad
podcast d'Hélène Bigot
Arte Radio, 2016

Lana est une vraie Parisienne. Pourtant, elle est née à Bagdad en 1991. À la faveur d'un premier voyage dans un Irak en pleine crise en 2016, elle découvre ce pays qu'elle avait oublié et nous en livre un portrait, doublé d'une réflexion sur les conséquences de l'exil.

En vert et contre tous

NOUS SOMMES EN 2023. TOUTE L'ESPAGNE DU SUD EST OCCUPÉE PAR DES SALADES ET DES MACROFERMES DE COCHONS. TOUTE ? NON ! CAR UN VILLAGE PEUPLÉ D'IRRÉDUCTIBLES VENUS D'AILLEURS RÉSISTE ENCORE ET TOUJOURS À L'AGRICULTURE INTENSIVE…

Par François Musseau
Illustrations Manfredi Ciminale

«Attendez-moi, j'arrive!» Sortie de nulle part au volant d'une vieille jeep, une jeune femme à l'accent italien, tout juste la trentaine, salopette kaki et chemise à carreaux élimée, rejoint un grand blond guilleret portant des pins nains. Près d'une allée de peupliers, le bassin d'une source irrigue un grand potager de légumes et de plantes aromatiques. C'est elle aussi qui alimente en eau le hameau de La Junquera. Une oasis.

Tout autour s'étale à perte de vue une immensité ondulée, semi-aride, scandée par les arêtes de sierras couvertes de chênaies. Le paysage donne l'impression d'une frontière aux confins d'on ne sait quoi. Un *Désert des Tartares* à la Dino Buzzati. Mais après la razzia. Un peu partout, des villages abandonnés, des fermes vides, des champs de céréales, une terre ocre rougeâtre. Un *altiplano* – une plaine d'altitude – situé à plus de 1 000 mètres. Un *no man's land* entre les provinces de Murcie, d'Almería et de Grenade, en Espagne.

Silvia, la jeune femme, s'échine à planter avec son camarade une dizaine d'arbustes le long d'un chemin cahoteux qui serpente au gré de la vaste propriété, où alternent orge, blé, champs d'amandiers, de pistachiers et vignes. Ainsi que des zones entières dénudées, appauvries par une érosion vorace. *« On essaie de constituer une couverture végétale avec des pins autochtones,* explique-t-elle dans un espagnol chantant. *Mais parfois, c'est décourageant. La terre est rêche et sèche. Il n'est pas tombé une goutte de pluie depuis huit mois, ça fout la trouille! Bon, sauf la nuit dernière, mais ça compte vraiment pour rien. Alors on doit faire un travail de fourmis,*

à l'arrosoir, pour que ça pousse. » Sur ce *secarral* – le terme reviendra souvent dans les conversations pour désigner ce terrain aride –, il ne tombe que 150 à 300 litres d'eau par an, contre 492 de moyenne dans le pays. Et pourtant, six maisons ont été réhabilitées en cinq ans.

Le hameau de La Junquera est juché sur une colline raboteuse où se mêlent des tracteurs, des machines-outils, un hangar, un parc solaire et une trentaine de bâtisses, pour la plupart décaties ou en ruine – comme cette église et cette auberge rappelant qu'une vie de village a existé jadis ici. Ils sont maintenant une trentaine à l'année, noyau dur, à tenter de relever le défi, épaulés par une quinzaine de volontaires venus de toute l'Europe : investir ce lieu inhospitalier pour lui insuffler de la vie, y régénérer le sol et prouver que ce bout de terre est porteur d'avenir malgré le désert qui avance. Dans l'une des régions les plus menacées de toute l'Espagne, et même de toute l'Union européenne, selon l'organisme de recherche public Imida, à l'extrême sud du continent.

Alfonso Chico de Guzman est à l'initiative du projet. Précis, méthodique. Endurci, aussi, reconnaît-il. Qui s'est senti « *investi d'une mission* », lui, le plus jeune de quatre fils : sauver les terres de la famille. Rendre justice à ce bout de terre en état de quasi-abandon. Quitte à en payer le prix fort.

Entré dans les ordres

Les gens du coin l'appellent « *el duque* », « le duc », parce que l'un de ses aristocratiques ancêtres n'est autre que le duc d'Ahumada, le fondateur de la Garde civile, au XIXe siècle. Trente-quatre ans,

> En 2012, le citadin rêveur abandonne Madrid, renonce aux vacances à Ibiza, et s'installe dans le hameau quasi abandonné.

grand et costaud, un regard fixe qui ne vous lâche pas, une éternelle parka ocre-sable sur des épaules de bûcheron, l'ancien citadin choyé raconte sans fanfaronnade ni fausse humilité sa «*conversion*», comme il dit. Presque son entrée dans les ordres, tant sa vocation est sacerdoce. Jeune, ce Madrilène de bonne famille passait ses étés au village. Là où, *gentleman farmer* vivant la plupart du temps à la capitale, son père exploitait la propriété céréalière de 1 100 hectares. Une surface tellement grande qu'elle passerait pour une bizarrerie dans le Nord où c'est le règne des petites propriétés mais qui, dans ce Sud marqué par le latifundisme, est encore chose courante de nos jours. Un vieil héritage pour la famille d'Alfonso : il y a deux cents ans, son aïeul Diego Chico de Guzman avait profité de la *desamortización* – la libération par l'État de terres et de biens appartenant majoritairement à l'Église – et acheté ces terres qui furent reconquises aux musulmans de Grenade dès la fin du xve siècle. Il y fit pousser du sparte et du chanvre pour les cordages de la flotte de Carthagène, un négoce alors florissant. La fin de l'âge d'or de la famille correspond à la chute de l'empire espagnol dans les Amériques en 1898, avec la perte de Cuba et de Saint-Domingue. Ces Espagnols qui vivaient sur des plateaux arides et qui pensaient dominer le monde doivent revoir leurs ambitions. La deuxième révolution est venue dans les années 1970, lorsque l'agriculture productiviste et les tracteurs ont bouleversé la vie rurale, et vidé La Junquera de sa centaine d'habitants. Puis se sont succédé les promesses de relance, chacune incarnée par un modèle agro-industriel qui, au fil des années, s'est effrité. Les paysans qui sont restés ont d'abord cru à la monoculture céréalière comme remède éternel. Le système s'est effondré en raison de la concurrence étrangère et de la chute de prix, et seule la politique agricole commune (PAC) a permis de maintenir ce monde sous perfusion. Aujourd'hui, deux mirages subsistent : les cultures de salades ou de brocolis et les macrofermes de cochons, qui envahissent cet arrière-pays, comme une bonne partie de l'Espagne profonde et qui emploient des travailleurs migrants payés, certes au lance-pierre, mais payés. Alors, quand Alfonso, à peine trentenaire, a débarqué de la ville pour revenir sur «*ses*» terres, puis peu à peu a fait venir des «*woofers*» – bénévoles –, qui parlaient dans toutes les langues de «*permaculture*» ou encore d'«*agroécologie*» – les mêmes techniques finalement qu'employaient les anciens des lieux –, l'accueil n'a pas été des plus chaleureux.

C'est curieusement lorsqu'il fait son MBA de gestion d'entreprise à Boston, en 2008, qu'Alfonso entend la voix de sa lignée. «*Sur les marchés bio locaux, je voyais les tomates de Mike, le veau de la ferme d'Eliot... J'hallucinais de découvrir ces agriculteurs si ancrés, vivant en petites communautés. J'ai pensé à La Junquera : pourquoi ne pas faire pareil, raviver la terre, y ramener de la vie ? Mon père m'avait toujours beaucoup parlé de l'époque où le bourg était habité, avec des artisans, des marchés, des échanges, et cela me procurait un sentiment de nostalgie... J'ai senti là que quelque chose était possible.*» Alors même que, sur place, son vieux paternel se désespère, constatant que les sols sont de plus en plus arides et que, dit-il, la propriété «*n'accouche plus que de pierres*». Qu'importe, en 2012, le citadin rêveur se décide : il abandonne Madrid, y laisse ses frères aînés, qui se fichent pas mal de ces arpents desséchés, renonce aux vacances à Ibiza avec ses potes friqués, et s'installe dans le hameau quasi abandonné où il retape une maison en pierre envahie par les mauvaises herbes. Il peut faire jusqu'à 45 °C l'été, −13 °C l'hiver.

« *Les premiers temps, c'était à la dure : pas d'eau courante, éclairage à la bougie, chauffage au feu de bois. Les portes ne fermaient pas et un ami m'avait prêté un chien pour m'avertir en cas de danger !* » Tous les jours, c'était œufs, patates et pain. « *Mais j'ai adoré cette période. Le soir, comme je n'avais rien d'autre à faire, je passais des heures, perdu dans mes pensées, les yeux rivés aux flammes. Et je méditais, je rêvais…* » Il commence avec pas grand-chose, cultive des tubercules et des plantes aromatiques. Il est seul, parfois aidé par des amis de jeunesse voulant se mettre au vert, poussé par sa volonté de fonder un lieu autosuffisant en alimentation. Mais ses premiers plants ne prennent pas. Sa fiancée de l'époque, très citadine, le quitte peu après l'avoir rejoint. Le chien qui lui tenait compagnie meurt d'une insolation avant d'être dévoré par les vautours, et ses maigres économies s'amenuisent comme peau de chagrin. Alfonso pense à tout remballer.

Histoire d'amour et d'eau tarie

Le 6 janvier 2017, Yanniek s'en souvient comme si c'était hier. « *Je suis arrivée de nuit à La Junquera, la batterie de mon téléphone était morte, des ruines partout, une atmosphère de film d'horreur. Alors, en garant ma voiture sur le terrain vague, je me suis vraiment demandé si je n'allais pas repartir aussitôt ! Je me souviens d'avoir crié : "Y a quelqu'un ici ?" Un type est arrivé, c'était Alfonso. Ça a tout de suite matché…* » L'arrivée de Yanniek Schoonhoven, âgée de 31 ans aujourd'hui, est providentielle pour l'homme qui s'est isolé et n'attend plus de soutien. Envoyée par l'association néerlandaise Commonland – dont l'objectif est de restaurer les écosystèmes dégradés du Sud européen –, elle est venue mener une étude auprès des agriculteurs affectés par l'aridité croissante dans la région de Murcie. Une histoire d'amour germe, deux enfants suivront. De l'*altiplano*, la Néerlandaise aime la lumière, les grands espaces, « *le côté western* », « *la gentillesse un peu bourrue* » des habitants.

La jeune femme, pragmatique, se charge de l'organisation et l'affaire prend une autre dimension. Un collectif d'une quarantaine de jeunes agriculteurs locaux se met en place, Alvelal, dont Alfonso prend la tête. Obsédés par l'idée de retenir l'eau, de plus en plus rare dans la région, ils réhabilitent d'antiques systèmes, comme ces canaux destinés à contenir les pluies torrentielles qui aggravent l'érosion puis se perdent. Au hameau de La Junquera, des bâtisses sont restaurées pour accueillir de nouveaux membres ; un campement très spartiate voit défiler une centaine de volontaires par an. La vision d'Alfonso, à qui son père a confié en 2016 la gestion des 1 100 hectares, prend du muscle.

S ilvia vient de Trieste. La jeune femme à la salopette kaki est passée par une ferme écologique du côté d'Almería, à deux heures de voiture, au cœur du seul désert naturel d'Europe – là même où dans les années 1960, Sergio Leone tourna ses westerns spaghetti –, avant d'arriver à La Junquera il y a deux ans. Là-bas, on lui avait dit que le défi était plus grand encore et ça l'avait titillée. Sa vocation, après des études d'agroécologie en zone aride : « *restaurer la nature abîmée* ».

> « Je suis arrivée de nuit, la batterie de mon téléphone était morte, des ruines partout, une atmosphère de film d'horreur. »
>
> **YANNIEK SCHOONHOVEN** ENVOYÉE À LA JUNQUERA EN 2017 PAR L'ASSOCIATION COMMONLAND

La communauté est isolée, mais reste connectée grâce à un bon réseau satellite et un constant va-et-vient.

Un sourire : « *Je ne sais pas si on va réussir et combien de temps je resterai. Mais pour l'instant je suis là où je dois être !* » La jeune Italienne habite avec Dani, le blond guilleret fan de guitare folk, dans une vieille maison en pierre restaurée, avec un chauffage au poêle, et où pend aux poutres du piment rouge séché. La bâtisse elle-même se trouve le long de ce qui devait être l'artère principale du village d'antan, dans le prolongement de l'église en ruine. C'est là que se concentre le reste de cette communauté de « *Gaulois* », comme les appellent certains paysans du coin. Leurs maisons se jouxtent, comme s'ils avaient besoin de se sentir proches les uns des autres face à l'adversité et l'isolement. Julia, qui fait son propre vin. Iñigo, un artiste qui a investi l'ancienne forge pour travailler ses sculptures. Et les autres. Un petit groupe où on mange, on refait le monde et on décide ensemble.

Au milieu de l'artère, le « centre logistique et de réunion » est séparé par un patio d'une chambre d'hôtes à étage qui accueille les étudiants et les chercheurs intéressés par cette expérience. C'est que les membres de la communauté ont l'habitude des organisations, à commencer par celle de l'entreprise, ou de grosses associations, dont la plupart sont issus. Et leur projet se nourrit de cette culture. Jacobo, qui a travaillé deux ans chez Microsoft, rêvait d'un retour à la terre. « *Avec le changement climatique, si on continue à la déserter, et la désertifier, tout est fichu* », lâche le brun ténébreux aux paroles saccadées qui n'hésite pas à reprendre la surprenante définition de La Junquera – ce « trou paumé » à 120 kilomètres de la première ville, Murcie – qu'en donnent Alfonso et Yanniek : un « *living lab* ». Et quand il est question de préciser, il décline, comme si c'était évident : « *un laboratoire d'agriculture régénérative où on se projette, où on*

veut prouver que c'est possible ». Une « *Academy* » a aussi vu le jour, qui organise des cours pour chercheurs et étudiants nord-européens. Des *workshops* sont organisés, qui permettent de générer des revenus pour la petite communauté. Parce qu'ici, on vit des produits de la terre, de ceux dérivés du potager, parfois de subventions. On est isolé, on vit chichement, mais on est loin d'être privé de liens au monde, connecté grâce à un bon réseau satellite et un constant va-et-vient.

De l'autre côté du hameau, l'ambiance est tout autre : tout y est vide, comme hanté, si ce n'est un berger mutique qui fait passer ses brebis matin et soir, et un mystérieux *encargado* – un surveillant qui se tient devant un pâté de bâtisses privées et fronce le sourcil dès qu'un visiteur s'approche.

« Un drôle de fils de son père »

Le premier village habité, Moralejo, se trouve à une demi-douzaine de kilomètres, en direction du lointain littoral. Seul lieu de vie, le « salon social » est un grand bar-restaurant où se retrouvent les retraités désœuvrés et les fermiers du coin. Au centre de la grande salle, ce jour-là, à 15 heures, Alfonso, carré et zen, une chemise canadienne à carreaux sur le dos, est entouré de quelques-uns des siens, de paysans travaillant pour lui, et d'autres à leur compte dont les terres jouxtent les siennes. Sur le côté, une vaste tablée réunit ceux qui ont trimé depuis tôt le matin à semer des céréales en monoculture, dévorant de copieux plats à base de porc. Des cultivateurs à l'ancienne, qui vivent depuis belle lurette dans des bourgs éloignés de leurs champs, ne jurant que par leurs tracteurs et les pesticides. Rougeauds, massifs, ces derniers portent sur les premiers des regards en coin un brin goguenards et méfiants. Plus tard, en aparté, l'un d'eux confie : « *Ce sont de sacrés loustics. Qu'est-ce qu'ils foutent toute la journée à La Junquera ? Je me le demande. Et surtout leur patron, un drôle de fils de son père, celui-là !* »

Dans l'autre partie du hameau qui n'appartient pas à la communauté, l'*encargado* renfrogné, inlassablement posté devant un bâtiment au toit défoncé, en bleu de travail, reste de marbre. C'est l'œil de Moscou d'un voisin gênant et menaçant, Pablo Febrel. La soixantaine, celui-ci est le dernier rejeton d'une autre lignée de latifundistes – ces agriculteurs enrichis qui possèdent leurs terres depuis

pas moins de cinq cents ans – et dont la propriété voisine avec celle des Chico de Guzman. Du droit de chasse au passage des brebis, les conflits sont permanents : Alfonso et Pablo ne se parlent plus que par WhatsApp. La terre les rapproche, une inimitié atavique les sépare, et aussi une vision du monde : l'héritier Febrel ne jure que par l'agriculture intensive de laitues et de brocolis, qui rapportent entre 1 500 et 2 000 euros par hectare, à raison de trois récoltes l'an, sans compter les subventions de la PAC. Il réside à Barranda, à une demi-heure de voiture, dans une gigantesque propriété avec cinq villas et quatre Land Rover. Pablo Febrel ne reçoit pas mais décroche son téléphone : *« Je n'appartiens pas à ce monde écologiste, je ne les aime pas, pour tout vous dire, mais avec Alfonso nous sommes condamnés à nous entendre. Avant, La Junquera était mon paradis ; avec tous ces gens là-bas, c'est devenu un enfer. »*

Un « enfer », peut-être aussi parce que les *« Gaulois »* de La Junquera s'opposent à son nouveau projet : transformer quarante hectares de terrain aride en champs de laitues, grâce à la source commune qui fait vivre la communauté et ses activités. C'est au maire de Caravaca de la Cruz, une des communes les plus étendues du pays dont les 900 km² incluent le hameau, de trancher. Collier de barbe poivre et sel, avenant et énergique, José Francisco García Fernández vient lui aussi d'une grande famille agricole. *« J'ai refusé de donner le permis d'exploitation pour ces cultures d'irrigation dans un hameau qui pourrait ne pas s'en remettre. Tant que je serai là, je ne céderai pas sur le sujet de l'eau. C'est un cancer. Par cupidité, lui et d'autres louent leurs terres à des multinationales espagnoles agricoles, de Lorca ou de Torre-Pacheco, qui font leur fortune. Des entreprises qui siphonnent l'eau des aquifères de l'altiplano ! Les sources s'assèchent et il faut creuser des puits toujours plus profonds. Jusqu'à quand ? Jusqu'à ce qu'on demeure sans eau pour vivre ?! »* Un danger corroboré par le ministère de la Transition écologique, qui estime que 40 % des nappes phréatiques sont contaminées par les cultures agricoles et l'élevage dans le pays.

Et si un jour le voisin honni en venait à obtenir ce permis… Cette épée de Damoclès consume les nuits d'Alfonso. *« Si ça arrivait, il faudrait renoncer et partir. Un seul hectare de laitues, c'est environ 5 millions de litres d'eau, pour une récolte de quarante-cinq jours. C'est plus ou moins ce que nous consommons pour quinze personnes en une année ! »*, assène-t-il, des éclairs dans les yeux mais toujours maître de lui-même. Les bottines dans le sol spongieux proche du bassin de la source, le jeune agriculteur écarte des touffes de joncs pour découvrir une remise vieillotte. Il ouvre la porte en bois grinçante, et montre deux clés qui régulent l'arrivée d'eau dans des conduits parallèles menant vers le hameau, à quelques centaines de mètres. *« Voilà : notre eau et la sienne. On passe notre temps à s'engueuler sur la maintenance, ou la faute d'untel ou d'untel en cas de panne. Facile de faire un coup pendable à l'autre. Comme dans un mauvais film. »* Pour la première fois, on le sent nerveux, la voix moins régulière. *« C'est l'une des meilleures sources de la région. C'est pour ça que nos aïeux respectifs ont acheté ici il y a deux cents ans. »* Regard au loin, Alfonso fait un effort de mémoire : *« À l'ouest, ces dernières années, je compte deux sources qui se sont taries et une troisième qui a été contami-*

> « La sécheresse a bon dos. Mais l'agriculture intensive fait basculer la situation du côté de la catastrophe. »
>
> **ALFONSO CHICO DE GUZMAN**
> FONDATEUR DU « LIVING LAB » DE LA JUNQUERA

née par les engrais chimiques. La sécheresse a bon dos. Mais l'agriculture intensive fait basculer la situation du côté de la catastrophe…»

Plus à l'ouest justement, la menace se précise. À Topares, autre bourg vieillissant à environ dix kilomètres, les 200 villageois boivent une eau traitée provenant du puits municipal après une période de deux ans de ravitaillement au camion-citerne, entre 2018 et 2019. Sans avoir reçu d'explications officielles. Instituteur à la retraite et copain d'Alfonso, trapu et épaules tombantes, José Manuel Serrano ne doute pas que le puits municipal a été contaminé par les nitrates et les pesticides des multinationales. Il l'avait dénoncé publiquement par le passé, en rameutant les médias locaux : *« J'ai reçu de sales menaces et j'ai fait un infarctus. Depuis, je me la boucle. »*

« On va tous finir sans une goutte »

Mais il tient à apporter la preuve de ses accusations et propose une visite en voiture avec vue sur la Sagra (qui culmine à 2 383 mètres), entre Puebla de Don Fadrique et Huéscar. *« Petit, je m'y baladais, c'étaient des chemins de pâturage »*, se souvient le sexagénaire en désignant, sur des dizaines de kilomètres, les hameaux désaffectés, de gigantesques champs de salades, ponctués de réservoirs d'eau en surplomb de la taille de terrains de handball, et… des macrofermes de cochons. *« Maintenant, c'est zone interdite, réservée aux employés. »* L'odeur du lisier devient entêtante. Partout, des grilles dissuasives et des avertissements : *« accès restreint »*, *« vidéosurveillance »*. Un peu plus loin, à proximité d'un énième *cortijo* (une ferme) en ruine, une pancarte municipale plantée à l'orée d'une rangée de joncs, indique la *« Source de Budejar – Aquifère de la Zarza »*, avec une photo d'eau jaillissante dans un décor bucolique luxuriant. Pourtant, pas l'ombre d'une rivière ici ; tout est asséché. José Manuel n'en revient pas, il ne l'avait jamais vue disparaître. Jamais vue comme ça. L'homme en explose de désespoir et de rage : *« Une publicité de la mairie, alors qu'ils ont loué toutes ces terres à des entrepre-*

> Du côté des autorités, on réclame davantage d'eau déviée depuis le bassin du Tage, plus au nord. Mais, là-bas aussi, la précieuse ressource vient à manquer.

neurs qui consomment toute l'eau souterraine. On va tous finir sans une goutte, et ce sera l'exode ! » Du côté des autorités, aussi bien en Andalousie qu'à Murcie, on réclame davantage d'eau déviée depuis le bassin du Tage, plus au nord. Mais, là-bas aussi, la précieuse ressource vient à manquer…

Alfonso a rejoint Silvia pour évaluer l'état des mares du campement des volontaires, à deux kilomètres du hameau. Sur toute la propriété, ils ont creusé 70 *charcas*, afin de réduire l'érosion en facilitant la lente filtration vers les nappes phréatiques. Mais sans pluie, une quarantaine d'entre elles ont fini par s'assécher. Ce matin-là, deux autres encore se sont vidées. Silvia porte son attention sur une grande *charca*, fruit de leur labeur, qui résiste bien. Et où, *« la nuit, viennent libellules, serpents, canards et renards, un vrai bonheur »*. Alfonso : *« Des mares comme ça, on va en construire un millier, une par hectare. On ne perdra plus une goutte tombée du ciel. Parole. »*

Il y a de la force et de la détermination dans sa voix. Du Clint Eastwood. Mais, en prenant de la distance, en voyant les résistants de ce *living lab* batailler au beau milieu d'un *altiplano* asséché par un soleil de justice, l'avidité des multinationales de laitues et de cochons ou le silence complice des pouvoirs régionaux, on croit aussi entendre le son langoureux et grinçant d'un harmonica.

En voie de désertification

Plus longues, plus intenses, plus fréquentes. Les récentes sécheresses préoccupent en Espagne encore plus qu'ailleurs en Europe : la proximité du pays avec l'Afrique le rend spécialement aride, et sa moitié sud est en voie de désertification. Les réserves des différents bassins des principaux fleuves sont à leur plus bas niveau historique. En 2022, il est tombé 25 % moins d'eau que l'année précédente, ce qui fait de cet épisode extrême un des plus graves depuis la sécheresse de 1962. Construits pendant l'ère franquiste, les 350 barrages du pays, d'une capacité totale de 54 000 hm³, voient leur niveau baisser dangereusement, au point que la production hydroélectrique – fondamentale dans le mix énergétique espagnol – a chuté de moitié en un an. Le ministère de la Transition écologique parle d'un « stress hydrique » pouvant devenir structurel.

Pour autant, si les pluies tombent de façon plus irrégulière, elles n'ont pas drastiquement diminué sur la décennie. Le principal facteur de déséquilibre hydrique est à chercher ailleurs. L'agriculture intensive, qui couvre 5,1 millions d'hectares en Espagne, s'étend chaque année un peu plus. Or, elle est fort gourmande en eau. À titre d'exemple, un hectare de tomates nécessite six fois plus d'eau qu'un hectare d'oliviers. L'Andalousie est l'une des pires régions en la matière, avec la culture intensive de fraises, de mangues et d'avocats. L'eau qui irrigue tous ces champs provient des réservoirs municipaux ou bien des aquifères par le biais des puits, légaux ou non. Ce qui provoque des restrictions pour la consommation humaine. Porte-parole de la confédération Ecologistas en Acción, Santiago Martín Barajas prône l'élimination d'un million d'hectares de cultures intensives, soit un cinquième du total de la surface irriguée dans le pays, ce qui permettrait d'économiser la quantité d'eau afférente. Ce n'est pas l'avis des régions du sud, comme Murcie ou Almería, qui militent pour que davantage d'eau soit déviée du bassin du Tage, afin d'irriguer leurs cultures intensives et pouvoir continuer d'exporter leur production au nord. **F. M.**

La folie du dessalement

En 1965 s'ouvre la première usine de dessalement d'Espagne dans l'île semi-désertique de Lanzarote, à l'est de l'archipel des Canaries. Et c'est dans les années 1990, lorsque la fièvre immobilière s'empare du pays et que, de ce fait, les besoins en eau des nouveaux occupants augmentent de façon spectaculaire, que se multiplient ces *desaladoras*. Si bien qu'aujourd'hui le pays en est constellé – on en compte 765 au total. Mais plus question de les multiplier, il s'agit désormais d'agrandir celles qui existent, pour faire face aux sécheresses croissantes et aux besoins voraces de l'agriculture intensive. L'Espagne est aujourd'hui la cinquième nation au monde en matière de capacité de production. La plupart de ses usines dessalent l'eau de mer en utilisant la technique dite d'« osmose inverse » : un procédé de séparation de l'eau et des sels dissous au moyen de membranes semi-perméables, sous l'action de la pression. Selon l'Association espagnole du dessalement et de la réutilisation de l'eau, l'Aedyr, 9 % de l'eau potable nationale provient de ces usines. Dans certaines zones, la dépendance est considérable, à l'instar de l'agglomération de Barcelone : la *desaladora* d'El Prat fournit de l'eau potable aux 4,5 millions d'habitants. Mais leur développement a deux grands inconvénients : le rejet de grandes quantités de saumures en mer, ce qui a pour effet de saliniser celle-ci à outrance, et une forte consommation électrique. **F. M.**

© FRANÇOIS MUSSEAU

Macrofermes, macropollution

En décembre 2021, le ministre de la Consommation espagnol Alberto Garzón, déclenche une tempête médiatique. Il dénonce les « *macrofermes* », ces établissements qui rassemblent plus de 2 000 bêtes, autrement dit l'élevage industriel, coupable, selon lui, de « *contaminer les sols et les nappes phréatiques* », d'offrir une viande de « *moindre qualité* », et d'occasionner de la maltraitance animale. De quoi faire réagir, en chœur, le chef du gouvernement socialiste, qui défend les vertus d'« *un bon bifteck* », les conservateurs du Parti populaire et, surtout, les syndicats du secteur agricole, lesquels accusent le ministre de donner une « *image lamentable* » de la viande espagnole auprès des pays où elle doit être exportée. Le pays compterait 2 400 de ces *macrogranjas*, qui tournent, en moyenne, avec trois cycles de population de porcs par an. La Catalogne, deuxième région concernée après l'Aragon, abrite plus de porcs (8 millions) que d'habitants (7,7 millions). Or, le purin, chargé de nitrates et utilisé intensivement comme pesticide ou activateur biologique, contamine les terrains agricoles, selon une enquête du quotidien national *La Vanguardia*, et, si ces produits parviennent dans les nappes souterraines, ils rendent l'eau impropre à la consommation alentour. Ainsi, plus de 40 % des nappes d'eau souterraines de Catalogne seraient contaminés. Avec 58 millions de porcs envoyés chaque année à l'abattoir, l'Espagne est le premier producteur d'Europe. La Chine est son premier client étranger : en 2021, elle a acquis 47 % des 2,9 millions de tonnes de viande porcine exportées. Les enjeux économiques sont tels, que malgré les écueils soulevés par Garzón, le modèle de l'agriculture intensive est loin d'être remis en question. **F. M.**

Une macroferme de porcs dans les environs de Huéscar (Andalousie).

À lire, à voir

L'effondrement (du monde) n'aura (probablement) pas lieu
d'Antoine Bueno
éd. Flammarion, 2022

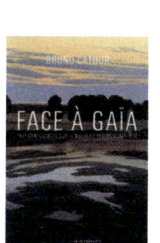

Cet essai décrit les dangers qui nous menacent, de la raréfaction des ressources au réchauffement climatique. Tout en même temps, il nous livre une sorte de feuille de route de ce que nous pouvons encore faire pour éviter le pire.

Face à Gaïa
de Bruno Latour
éd. La Découverte, 2015

Dans ces conférences, le philosophe, disparu en octobre 2022, explique comment nous sommes entrés selon lui dans la « géohistoire » (ou histoire géologique) : désormais le système Terre (air, océans, glaciers, climat, sols... tout ce que nous avons rendu instable) n'est plus seulement le décor, il interagit avec l'espèce humaine.

L'Effondrement
série de Guillaume Desjardins, Jérémy Bernard et Bastien Ughetto, 2019

Cette série télévisée est inspirée des thèses de la collapsologie. En huit épisodes de quinze à vingt-cinq minutes, elle suit la trajectoire de plusieurs individus ou familles qui perdent peu à peu pied dans un monde dystopique.

As Bestas
film de Rodrigo Sorogoyen, 2022

Dans cette fiction, qui se déroule au cœur de la Galice, un couple de néoruraux français et des frères espagnols du coin s'affrontent autour d'un projet de parc éolien à proximité de leur village.

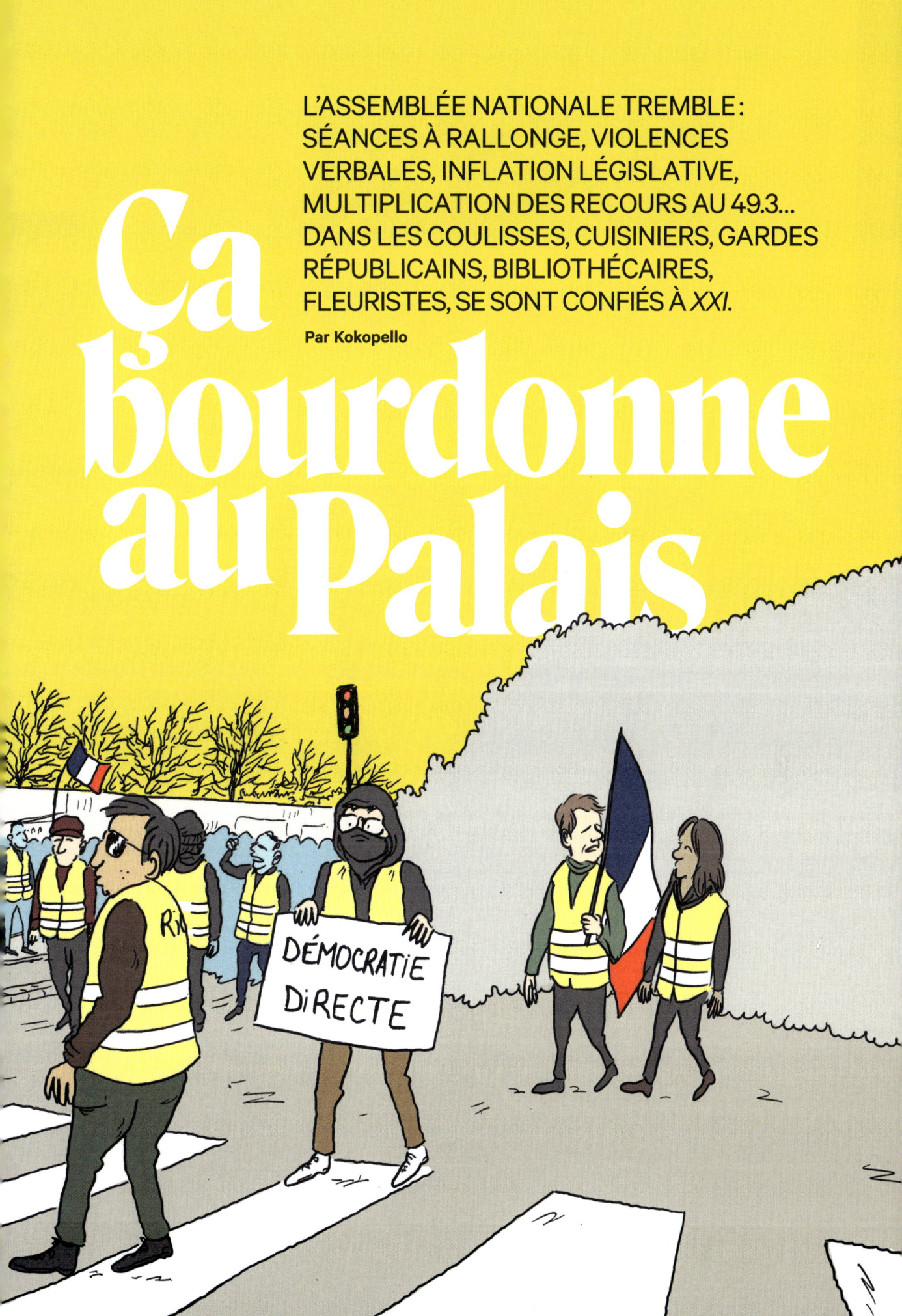

6 janvier 2021, suite à un meeting du candidat républicain Donald Trump, plusieurs centaines de manifestants prennent d'assaut le Capitole.

Deux années plus tard, le 8 janvier 2023, les sympathisants de l'ex-président Jair Bolsonaro s'emparent du Congrès national au Brésil, pour contester l'élection de Lula.

Dans les grandes démocraties, les institutions sont sous tension. Plus près de nous, l'Assemblée nationale ne fait pas figure d'exception.

134—XXI **Ça bourdonne au Palais**

Ce bâtiment emblématique de la démocratie à la française a vu se succéder plusieurs générations de politiques.

Si les députés ne sont là que pour quelques années, le temps d'un, deux ou trois mandats, le personnel du Palais, lui, reste.

Ils sont agents, gardes républicains, huissiers, fleuristes... Témoins privilégiés de l'état de notre République, tous sont garants des traditions du Palais.

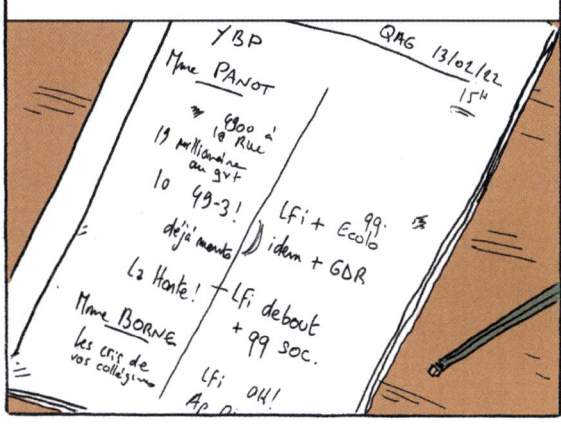

Ils se font très discrets, et ne parlent habituellement pas à la presse ni aux médias.

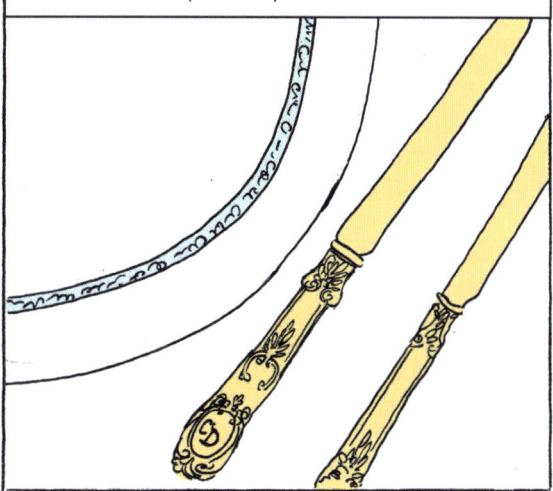

On m'a d'ailleurs conseillé de ne pas les appeler « petites mains du Palais », afin de ne pas heurter leur sensibilité.

Pour chacune de ces journées dans le Saint des saints, j'ai été accompagné par un membre du personnel.

« On a eu quelques moments tendus dernièrement, lors des manifestations des Gilets jaunes, ils étaient tout près d'entrer dans l'Assemblée. »

« Ainsi, cette année-là, il a été question de mettre des gilets pare-balles sous l'uniforme des gardes républicains, mais le costume est trop ajusté. »

« Alors l'assaut du Congrès américain, on y pense, oui, mais bon, si des manifestants entrent ici, on ne va pas sortir les baïonnettes non plus ! »

À l'annonce de la venue de la présidente de l'Assemblée nationale, les gardes forment une double haie d'honneur.

La présidente passe entre les gardes, précédée de deux huissiers, et suivie d'un secrétaire de séance et de son directeur de cabinet.

Une fois la présidente passée, les gendarmes se retrouvent face au capitaine du Palais-Bourbon, près de la colonnade, pour un débrief.

Le même ballet se reproduit avant chaque séance de l'après-midi.

Toutes les semaines, le 2ᵉ régiment de la Garde républicaine, dispatché dans cinq casernes militaires, est récupéré par une navette. Les gardes s'apprêtent, manœuvrent en haie d'honneur pour l'entrée en séance avant de repartir par cette même navette trente minutes plus tard.

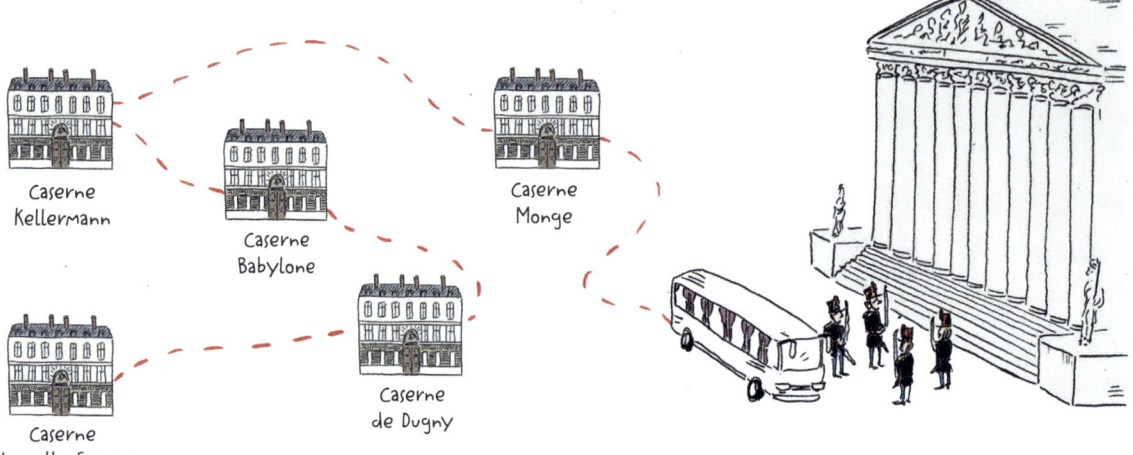

Les gardes républicains sont l'héritage de la Garde nationale, le bataillon de citoyens chargés de la protection des députés de la première Assemblée nationale en 1789.

L'uniforme n'a que très peu évolué depuis la fin du XIXᵉ siècle

138—XXI **Ça bourdonne au Palais**

Mais il n'y a pas qu'à l'extérieur qu'il faut se tenir prêt à contenir des débordements d'un genre nouveau. En salle des Quatre Colonnes, les journalistes patientent derrière un lourd cordon rouge.

Impossible pour eux de franchir cette limite sans être interceptés par l'un des agents.

*QAG : Questions au gouvernement

Ils veillent à préserver le « périmètre sacré », les salles entourant l'hémicycle, des yeux indiscrets du public et de la presse.

J'accompagne Sabine et Jocelyn en séance, ils sont rédacteurs pour le service des comptes rendus. Une des rares professions à pouvoir être présente dans l'hémicycle durant les débats.

Même si la cravate n'est plus de mise pour les hommes en séance, le port de la veste est obligatoire.

Toutes les quinze minutes, les rédacteurs sont remplacés par une nouvelle équipe. La concentration doit être maximale.

À la manière d'une pièce de théâtre, ils réécrivent les débats en soulignant en italique les applaudissements ou les cris des députés.

Les comptes rendus des rédacteurs sont disponibles sur le site de l'Assemblée nationale et recensent tous les débats depuis 1997.

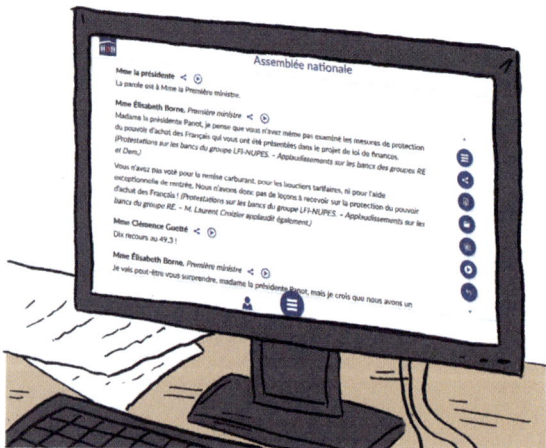

À la fin de la séance, Sabine et Jocelyn mettent leurs notes en commun.

142—XXI **Ça bourdonne au Palais**

Le 3 novembre 2022, lors d'une intervention à propos du bateau Ocean Viking accueillant des migrants, les élus de gauche entendent un « retourne en Afrique » venant des bancs du RN durant l'intervention du député Carlos Martens Bilongo.

Il était nécessaire de comprendre ce que ce député avait précisément dit hors micro. Certains avaient entendu « QU'IL retourne en Afrique ». S'agissait-il d'une attaque personnelle à l'attention du député LFI ? Parlait-il des migrants, du bateau ? L'affaire était trop grave. Malgré son apparente discrétion, le service des comptes rendus s'est retrouvé sous le feu des projecteurs.

La plus lourde sanction inscrite au règlement a été prononcée à l'encontre du député RN. Elle prévoit une exclusion de l'Assemblée pendant deux semaines et la privation de deux mois d'indemnité parlementaire.

« Ce qui était alors pris pour un bon mot peut aujourd'hui entraîner une réaction atomique... »

Serge, directeur des comptes rendus

« C'est l'une des raisons pour lesquelles, depuis deux législatures, notre volume horaire de travail augmente continuellement. »

Dans l'aile Nord du palais Bourbon, le service de la séance prépare les prochains débats.

Capucine fait partie du service de la séance. Ce sont ses membres que l'on aperçoit parfois derrière la présidente de l'Assemblée. Ils ont de petits bureaux appelés « bathyscaphes ». Ce terme désigne habituellement des sous-marins, c'est dire la promiscuité qui y règne. Ils sont cachés derrière le marbre des murs de l'hémicycle.

Les bathyscaphes sont situés de part et d'autre du perchoir

Le service de la séance est chargé de relire et de corriger les amendements déposés par les députés. Chaque amendement est minutieusement scruté, il doit être conforme à la Constitution et ne pas proposer de nouvelle dépense sans contrepartie financière.

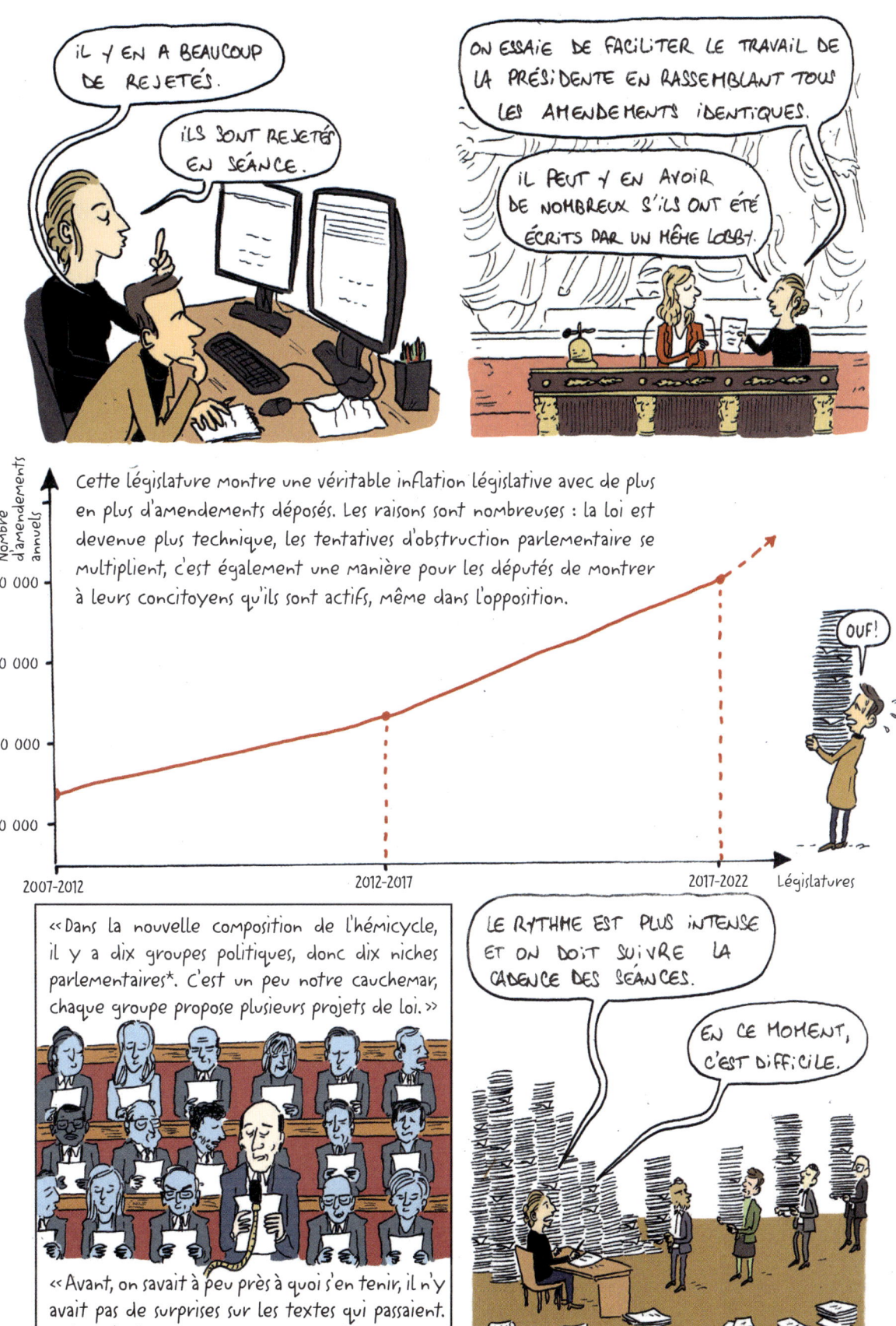

Afin de permettre l'étude de chaque amendement, les séances se terminent plus tard dans la nuit. Le service de Capucine dépend entièrement de la cadence des votes.

En 2022, le parti présidentiel a perdu la majorité absolue dans l'hémicycle. Depuis, le gouvernement a souvent recours à l'article 49.3 qui bouscule le quotidien des agents du Palais.

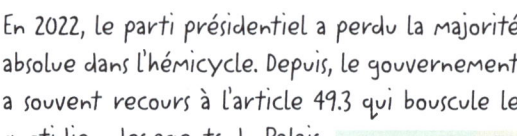

L'article 49.3 permet au gouvernement de faire passer un texte de loi sans avoir besoin du vote du Parlement. Ce dernier peut néanmoins déclencher en réaction une motion de censure pour faire tomber le gouvernement.

Selon la loi, la motion de censure doit être débattue dans les quarante-huit heures qui suivent son dépôt. L'examen des motions de censure s'ajoute alors à celui des amendements en dernière minute. Les fonctionnaires du Palais se retrouvent donc à devoir siéger tous les jours de la semaine, week-end compris.

146—XXI **Ça bourdonne au Palais**

*Le reportage a été réalisé entre décembre 2022 et janvier 2023 avant l'examen du projet de loi de réforme des retraites, pour lequel près de 20 000 amendements ont été déposés.

*François Ruffin est député LFI et Constance Le Grip est députée Renaissance

148—XXI **Ça bourdonne au Palais**

D'autant moins que la bibliothèque regorge de salles cachées derrière de fausses étagères, elles sont destinées au stockage des livres.

En légende du dessin :
- Quel est ce monsieur, derrière vous ?
- Un député, monsieur.
- Il me dégoûte !

« La place des lettres est moindre qu'au début du XXe siècle. Les orateurs d'autrefois avaient lu les textes de l'Antiquité. Jaurès, par exemple, était agrégé de philo classique ! »

150—XXI **Ça bourdonne au Palais**

*Le dernier duel entre députés en France a eu lieu le 21 avril 1967, entre le maire SFIO de Marseille Gaston Defferre et le gaulliste René Ribière.

Le bâtiment de l'hôtel de Lassay jouxte le palais Bourbon. Aux étages supérieurs se trouvent les appartements de la présidence de l'Assemblée nationale (même si l'actuelle présidente a choisi de rester au domicile familial), les salons pour les grandes réceptions et quelques bureaux.

Le lieu accueille des hôtes étrangers, comme par exemple en janvier 2023, le président du Parlement ukrainien, Ruslan Stefanchuk.

Dans ces cas-là, le personnel de Lassay est mis à contribution, du pâtissier...

C'EST LA COPIE EN CHOCOLAT D'UN CHIEN DÉMINEUR QUI EST DEVENU UN SYMBOLE EN UKRAINE.

TU VOIS, J'AI LAISSÉ UN PETIT CÔTÉ RUGUEUX POUR FAIRE COMME RODIN.

... en passant par les argentiers...

NOS COUVERTS SONT SIGNÉS "CHRISTOFLE". IL Y A ENCORE LES INITIALES "CD" POUR "CHAMBRE DES DÉPUTÉS".

C'ÉTAIT L'ANCIEN NOM DE L'ASSEMBLÉE NATIONALE.

...jusqu'aux fleuristes pour la décoration de la table.

POUR LA VENUE DU PRÉSIDENT INDIEN, EN 2015, ON A FAIT UNE DÉCORATION AVEC DU JASMIN. CE GESTE A ÉTÉ TRÈS APPRÉCIÉ.

CETTE ANNÉE-LÀ, LE GOUVERNEMENT CHERCHAIT À VENDRE SES RAFALE. L'INDE EN A ACHETÉ, ON SE DIT QUE C'EST UN PEU GRÂCE À NOUS !

Le maître-mot de tous ces services est la discrétion. Marc, un des fleuristes, confie : « On est comme les singes de la sagesse, ici, on ne se mêle pas de la politique, on sert et c'est tout. »

D'ailleurs, certaines parties de l'hôtel restent tenues hors de la vue des visiteurs.

Jean-Pascal, l'intendant, est le chef d'orchestre de tout ce petit monde qui semble figé dans le temps.

« Les temps changent, mais on a le devoir de perpétuer "l'attention républicaine". Certains politiques ne comprennent pas pourquoi on leur tient encore la porte, par exemple. »

« Vous n'avez vu qu'une petite partie des métiers exercés ici. Il y a aussi des ébénistes, des serruriers, des jardiniers, des horlogers… Tous dotés d'un savoir-faire unique, utile au bon fonctionnement de cette grande maison. »

« C'est important pour nous, on ne compte pas nos heures. Notre devoir, c'est d'être au service de la République quoi qu'il arrive. »

« Les hommes passent, les nécessités nationales demeurent », Pierre Mendès France, député de 1932 à 1942

Une ville dans la ville

Traditionnellement, les hommes et les femmes de l'ombre du Palais-Bourbon ont l'ordre formel de ne pas parler à la presse. Mais j'avais déjà réalisé un album, *Palais-Bourbon, Les coulisses de l'Assemblée nationale*, dans lequel j'expliquais, à travers les yeux de plusieurs députés, le fonctionnement de l'institution et le quotidien des parlementaires. Cette BD a servi de clé d'entrée pour rassurer les services de l'Assemblée nationale (qui craignent souvent une vision « antiparlementariste » de la part des journalistes), et leur proposer de se livrer.

La demande est d'abord passée par la communication institutionnelle avant de remonter directement au cabinet de la présidence, puis de redescendre dans les services concernés, après plusieurs semaines à négocier les rendez-vous.

Les métiers dessinés dans ces pages ne représentent qu'une infime partie de ceux qu'on retrouve dans le Palais-Bourbon. Ils sont néanmoins représentatifs des activités exercées, entre la protection du palais, la préservation du patrimoine, le travail législatif, et l'accueil protocolaire des dignitaires étrangers. C'est un aperçu singulier de la ville dans la ville qu'est devenue l'Assemblée.

J'ai pris beaucoup de plaisir à découvrir ces métiers et ces personnalités. Ils sont fiers de perpétuer leurs traditions républicaines, même si certaines peuvent paraître totalement désuètes. J'avais déjà exploré les salles en surface lors de mon premier album, mais je ne me doutais pas que tout un monde se cachait dans les sous-sols, avec des galeries de plusieurs kilomètres qui serpentent sous le palais.

KOKOPELLO

Un député, un score

Sabine et Jocelyn, les deux chargés du compte rendu que j'ai pu suivre pour cette BD, notent toutes les interventions des députés, même quand ceux-ci parlent alors qu'ils n'ont pas la parole. Cela fait partie de leur mission. Lors de la publication du compte rendu de chaque séance, ces interventions sont comptabilisées et donnent un « score » à chaque parlementaire. Il suffit que votre député crie une fois *« c'est un scandale »* pour que sa prise de parole soit comptabilisée. Cependant, pour se voir comptabiliser une « intervention longue » (qui vaut plus de points), il faut prononcer plus de vingt mots à la suite.

Ces statistiques sont reprises par certains titres de la presse quotidienne régionale qui recensent sous forme de baromètre l'activité du député local, en la comparant à celle d'élus d'ailleurs. Plus le député aura prononcé de mots à l'Assemblée, plus il se placera haut dans le classement des parlementaires « actifs ».

Dans ces classements, on retrouve également le nombre de propositions de loi déposées, de rapports écrits et d'amendements inscrits. Il n'y a aucune limite pour le dépôt des amendements, chaque parlementaire peut ainsi gonfler artificiellement son score en déposant énormément de textes. Certains députés sont des professionnels en la matière à l'instar de Thibault Bazin, élu Les Républicains en Meurthe-et-Moselle, surnommé « Amendator » par ses collègues. K.

Suite à l'utilisation du 49.3 par le gouvernement pour faire passer la réforme des retraites, deux motions de censure ont été déposées – et rejetées par l'Assemblée nationale, le 20 mars 2023.

Extension du temps des séances

Séances à rallonge, nuits passées dans l'hémicycle, nombre d'amendements qui s'accroît… Le total d'heures « siégées » en séance, de jour comme de nuit, a augmenté constamment ces dernières années à l'Assemblée nationale. De 5 037 heures sur la période 2007-2012, les députés sont passés à 6 099 heures au cours de la mandature 2017-2022. Le cru 2022 n'est pas meilleur : le groupe Renaissance ayant perdu la majorité absolue, chaque texte peut basculer d'un côté comme de l'autre, ce qui force les députés à siéger plus régulièrement.

Avec dix groupes parlementaires formés en 2022, contre quatre en 2007 et cinq en 2012, les séances s'éternisent encore plus. Chaque texte doit en effet être introduit par une discussion générale, suivie d'une explication de vote prononcée par chacun des groupes. En augmentant le nombre de ces derniers, on augmente donc mathématiquement le nombre d'heures passées dans l'hémicycle.

Même s'il est difficile de quantifier le temps de travail des parlementaires, puisque chacun d'entre eux remplit son agenda comme il le souhaite, plusieurs études, réalisées par l'organe d'observation de la vie parlementaire Projet Arcadie, l'estiment à environ soixante-dix heures par semaine au total. Traditionnellement, un élu est présent à Paris du mardi au vendredi, avant de passer le reste du temps en circonscription, afin de rencontrer ses concitoyens. Plus de temps passé en séance, c'est également moins de temps passé sur le terrain. **K.**

À lire, à voir

Manuel de survie à l'Assemblée nationale
de Magali Alexandre et Jean-Jacques Urvoas
éd. Odile Jacob, 2012
Voici un guide idéal pour découvrir les manigances et les tactiques qu'emploient les députés lors du vote des lois. Des jeux parfois ambigus avec les médias et les lobbyistes, aux hiérarchies qui régissent un groupe politique, les auteurs, ancienne conseillère parlementaire et ancien député, content avec beaucoup de pédagogie les dessous du Palais.

Les candidats, Novices et professionnels en politique
d'Étienne Ollion
éd. PUF, 2021
Sociologue à l'Assemblée nationale, Étienne Ollion a réalisé une enquête *in vivo*, avec l'irruption de nouveaux députés en 2017 ayant rejoint LREM. Cet essai démontre l'illusion créée par la promesse de changement fondée sur le seul renouvellement des personnes, en l'absence de réformes plus profondes de nos institutions.

On a les politiques qu'on mérite
de Chloé Morin
éd. Fayard, 2022
Les femmes et hommes changent, mais nous les trouvons toujours aussi mauvais. Comment en est-on arrivé là ? Ancienne collaboratrice de Manuel Valls à Matignon, Chloé Morin propose une véritable introspection de la politique française et tente de répondre à la question : « Est-il réellement possible de renouveler nos représentants ? »

Les cuisines de l'Assemblée
blog de Maxime Torrente, Clémence Lisambert, Hortense de Padirac et Bertrand Legros
www.lemonde.fr/blog/cuisines-assemblee
Tenu par d'actuels collaborateurs parlementaires, venant de bords politiques différents, ce carnet de bord en ligne propose chaque semaine un éclairage sur l'activité de l'Assemblée nationale. En faisant preuve de beaucoup de pédagogie, ses auteurs racontent, avec un air de feuilleton, comment les textes de loi sont étudiés au sein de l'institution.

« Au nom de l'écologie, les experts occidentaux décident »

L'HISTORIEN **GUILLAUME BLANC** DÉNONCE LA VISION ETHNOCENTRÉE, HÉRITÉE DE LA COLONISATION, QUI GUIDE LES CHOIX EN MATIÈRE DE PROTECTION DE LA NATURE SUR LE CONTINENT AFRICAIN.

Propos recueillis par Jenna Le Bras
Illustration Olivier Dangla

Une petite rue excentrée du centre-ville de Bordeaux, rincée par un orage automnal. Il est 11 heures. J'espère être à la bonne adresse. Le chercheur, spécialiste de l'histoire contemporaine de l'Afrique et écologiste convaincu n'a pas de smartphone. Un coup de sonnette... C'est bien là, pourtant. Un second. Guillaume Blanc ouvre la porte d'une belle maison retapée par des amis maçons, et me guide vers un cabanon au fond d'un bout de jardin, où il a installé son bureau. Des bouquins, du sol au plafond, sont soigneusement classés sur de longues étagères. Il connaît de tête l'emplacement de chacun. De telle publication universitaire, de tel livre d'un confrère... Et bien sûr du sien : *L'invention du colonialisme vert*, publié aux éditions Flammarion, qui vient d'être réédité en format poche et traduit en anglais. Il y a des photos délavées de lui aussi, petit, dans la maison de sa grand-mère, des babioles, un canapé et une table basse sur laquelle il dépose deux cafés brûlants. Noirs. Serrés. Sans sucre et sans chichi. Originaire des Cévennes et fou de randonnée, Guillaume Blanc se destinait à devenir guide de montagne. Son sens de l'orientation défaillant a eu raison de sa vocation première. C'est dans l'histoire de l'environnement et sur le continent africain qu'il a finalement trouvé de nouvelles pistes à explorer. Depuis quinze ans, l'objet d'étude du maître de conférences à l'université Rennes 2 – l'instrumentalisation de la protection de l'environnement sur le continent africain par des institutions comme l'Unesco ou le WWF – reste un sentier escarpé. Parce qu'il est difficile de remettre en question le travail d'organisations non gouvernementales, érigées dans l'imaginaire collectif en gardiennes d'une éthique inébranlable au service du bien commun.

XXI Comment vous est venu cet intérêt pour l'environnement sur le continent africain ?

On ne demanderait jamais ça à quelqu'un qui travaille sur l'Europe, sur la France ou sur n'importe quel pays occidental. Mais au-delà de cette réponse que je donne toujours – parce qu'on me pose souvent la question –, je dois dire que c'était au départ un pur hasard. J'ai suivi des études d'histoire et j'ai eu un professeur fantastique qui apprenait à ses étudiants à tout déconstruire : le premier royaume chrétien, ou encore les circulations mondiales entre l'Afrique, l'Europe et le Moyen-Orient dès le XVIe siècle. Je me suis découvert une passion pour cette manière d'aborder les choses et j'ai essayé de l'appliquer à l'histoire de l'Afrique, de l'environnement, et des rapports sociaux à la nature. Qu'est-ce qui lie la construction du rapport à la nature à celle de la nation ? Pour le comprendre, il faut faire des études comparatives. J'ai travaillé d'abord en Érythrée, puis en Éthiopie, en confrontant leurs histoires des rapport sociaux à la nature à celles de la France et du Canada.

Et quels sont vos constats ?

Je me suis rendu compte qu'à chaque nation correspondait une certaine idée de la nature. En France, les parcs naturels – par exemple dans les Cévennes, les Pyrénées, la Vanoise ou le Mercantour – financés par les subventions publiques territoriales *[à 95 % en 2019 selon le ministère de la Transition écologique pour un montant de 63,3 millions d'euros, ndlr]* paient pour restaurer les bergeries abandonnées, versent des allocations aux bergers pour qu'ils les occupent et pour qu'ils continuent à faire la transhumance à pied, c'est-à-dire pour habiter l'espace. Sur le mont Lozère, à l'Aigoual et sur le causse Méjean, les parcs achètent des pâturages pour les rétrocéder ou les louer à bas prix à des éleveurs. En retour, ces derniers entretiennent les drailles, chemins empruntés par les troupeaux itinérants et les touristes. Dans les Cévennes, les autorités s'investissent aussi dans la rénovation des fours à pain et des toitures de lauze. L'objectif de ces initiatives est de protéger les *« paysages

Réserve intégrale de Roche Grande, créée en 2021 dans le parc national du Mercantour, dans les Alpes.

traditionnels » et la « mémoire des lieux ». Les paysans sont encouragés à perpétuer certaines traditions qui sont considérées comme faisant partie du patrimoine. Autrement dit, en France, un pâturage est considéré comme relevant de la nature et ne mettant pas en danger la préservation de l'environnement.

En revanche, dans un pays comme l'Éthiopie, les agriculteurs sont pointés du doigt et pénalisés pour des pratiques similaires. Ils n'ont plus le droit de cultiver leur terre, de vivre dans leur maison ni de faire paître leurs animaux. La loi éthiopienne sur la conservation de la vie sauvage adoptée en 1970 a renforcé les législations restrictives qui étaient déjà en vigueur. Elle est catégorique : « *Dans les parcs nationaux, nul n'est autorisé à vivre, chasser, cultiver la terre, faire paître du bétail, brûler la végétation ou exploiter les ressources naturelles*

En écho

Les îlots farouches

En Europe, la recherche d'une nature ultrapréservée existe également, dans une moindre mesure qu'en Afrique, et dans un contexte bien différent. La photographe Céline Clanet s'est intéressée aux espaces naturels les plus protégés de France métropolitaine, où toute forme d'activité humaine, hormis l'observation scientifique, est interdite. Depuis quelques années, cette protection s'accroît : au sein des parcs nationaux ont été créées quatre réserves intégrales, pour la plupart dans des zones difficiles d'accès et donc très peu ou pas fréquentées. La création de celle du Parc national de forêts en Haute-Marne est la seule qui a concerné un territoire fréquenté jusqu'alors par des chasseurs, agriculteurs et promeneurs. *Les îlots farouches* est un projet produit dans le cadre de la Grande commande nationale « Radioscopie de la France : regards sur un pays traversé par la crise sanitaire » financée par le ministère de la Culture et pilotée par la BnF.

Marais de la réserve intégrale d'Arc-Châteauvillain,
créée en 2021 dans le Parc national de forêts, en Haute-Marne.

d'une quelconque manière. » Ceux-ci sont dédiés à la faune, à la flore et au panorama. Et aujourd'hui encore, l'Éthiopie s'échine à proposer une nature vierge, sauvage, vide de présence humaine, une nature dite « *africaine* ».

Mais d'où viennent ces lois ? Elles ont été inspirées des recommandations des anciens administrateurs coloniaux, voire reprises telles quelles. La France, elle, ne propose pas une nature dite « *européenne* », qui serait débarrassée de celles et ceux qui l'ont historiquement occupée, bien au contraire… En Europe, l'histoire qui se raconte, c'est celle de l'adaptation de l'homme à son environnement, alors qu'en Afrique, c'est celle de la dégradation des espaces naturels par celui-ci. La question, qu'il faut absolument se poser, est la suivante : quel monde est protégé, par qui et pour qui ? En Afrique, essaie-t-on de préserver les écosystèmes africains ou l'idée que les experts de grandes organisations occidentales s'en font ? Cette mission de préservation est-elle destinée à protéger les écosystèmes et les habitants de ces lieux ou à donner bonne conscience à ceux des pays développés, principaux pollueurs de la planète ?

**C'est ce que vous appelez
« *le colonialisme vert* » ?**

Oui, car aujourd'hui, une partie de l'humanité décide de qui peut vivre où et comment, au nom de la protection de la nature, par le biais de grandes institutions et ONG internationales, comme l'Unesco (Organisation des Nations unies pour l'éducation, la science et la culture), le WWF (World Wildlife Fund) ou l'UICN (Union internationale pour la conservation de la nature).

L'Éthiopie est aujourd'hui votre terrain de prédilection. Qu'y avez-vous découvert ?

J'ai retrouvé des archives, des dizaines de milliers de documents, dans lesquels j'ai constaté que de nombreux administrateurs coloniaux n'avaient jamais quitté le continent africain. À la suite des indépendances, il leur a été confié une nouvelle mission : faire face à « *l'africanisation* » des anciennes colonies, en se servant de la préservation de la faune menacée d'« *effondrement imminent* » comme outil d'influence. Pour financer leur travail, une banque a été créée avec pour mission « *d'aider les gouvernements africains à s'aider eux-mêmes* », je cite les archives. Elle a vu le jour en 1961 en Suisse : c'est le World Wildlife Fund, le WWF. La création d'institutions ou d'ONG comme celle-ci a donc permis la reconversion des administrateurs coloniaux en experts internationaux « *pour poursuivre le travail accompli* » – là encore, ce sont leurs mots.

« *Poursuivre le travail accompli* », qu'est-ce que cela signifie ?

Après la décolonisation, le concept de « *fardeau écologique de l'expert occidental* » a remplacé celui du « *fardeau civilisationnel de l'homme blanc* ». L'intention a changé mais pas l'esprit : le monde moderne, le monde occidental devrait supposément sauver l'Afrique des Africains. Quand on parle d'environnement, cette notion s'ancre dans le mythe de l'éden africain. À la fin du XIXe siècle, les colons laissent derrière eux une Europe radicalement transformée par la révolution industrielle. On le lit dans les récits de voyage dits d'exploration, les récits de chasse et les rapports de missions scientifiques des naturalistes européens : ils sont alors persuadés de retrouver en Afrique la nature qu'ils ont perdue chez eux. Ils créent des réserves dans lesquelles ils s'approprient le droit de chasser et pour ce faire, en expulsent les habitants. Les grands récits – écrits à la fin du XIXe siècle par David Livingstone, puis Churchill et Roosevelt au début du XXe, Hemingway et Karen Blixen (*Out of Africa*) dans les années 1930, Romain Gary (*Les Racines du ciel*, 1956) – racontent l'Afrique comme un vaste jardin édénique qui serait menacé par des populations destructrices, et renforcent ce fantasme. Ce mythe est encore perpétué, après les indépendances, dans des revues comme le *National Geographic* et des dessins animés comme *Le Roi lion* de Disney où se donne à voir une Afrique verte, vierge, sauvage… Sauf que cette Afrique n'existe pas ! Elle n'a jamais existé ! Comme l'Europe, elle est habitée, elle est cultivée, elle est urbanisée. Les grands espaces ne sont pas originellement vides de présence humaine, ils en ont été vidés, notamment pour l'exploitation des terres à grande échelle, par les pays colonisateurs jusqu'aux indépendances, puis par des multinationales occidentales à partir des années 1950, mais aussi pour la création de ces réserves de chasse, qui deviendront par la suite les parcs nationaux que nous connaissons.

Vous qualifiez cette vision d'« *absurde* »…

Au Rwanda, 40 % des parcs naturels ont été bâtis à la suite de déplacements forcés, c'est le cas aussi pour 50 % des parcs du Bénin et 30 % des parcs de Tanzanie et du Congo-

Préserve-t-on les écosystèmes africains ou l'idée que les experts occidentaux s'en font ?

Kinshasa. Dans des travaux publiés entre 2001 et 2006, deux chercheurs ont évalué qu'au XXe siècle, jusqu'à 14 millions d'agriculteurs auraient été expulsés des 350 parcs protégés créés en Afrique. Aujourd'hui encore, des milliers de gens sont chassés des zones protégées, des dizaines de milliers sont punis d'amendes ou de peines de prison pour avoir cultivé un bout de terre, construit une maison en torchis ou chassé du petit gibier, des dizaines sont aussi sommairement abattus chaque année par des écogardes en patrouille. C'est le cas en ce moment même, dans la réserve de Ngorongoro en Tanzanie où des populations masaï sont expulsées au nom de la préservation de la nature.

C'est choquant, mais c'est une réalité. Et oui, c'est absurde : pour sauver la planète d'une crise écologique bien réelle, on s'en prend à des gens qui ont un très faible impact environnemental. Ils se déplacent à pied, vivent sans électricité, n'achètent quasiment pas de vêtements, ne mangent presque jamais de viande ou de poisson, n'ont pas de smartphone, pas d'ordinateur, ne prendront jamais l'avion de leur vie, voire pour certains jamais de voiture. Ces politiques provoquent des injustices flagrantes : des populations sont privées de droits dont bénéficient la plupart des êtres humains (habiter la terre) au nom d'une éthique définie par d'autres (des experts occidentaux), au motif qu'ils dégradent l'environnement, alors que les graves dommages commis contre la nature ne viennent pas d'eux. Et ceux qui détruisent à des échelles phénoménales sont aussi ceux qui protègent.

Les dirigeants africains sont souverains. Pourtant, vous expliquez qu'ils répondent systématiquement aux injonctions des institutions internationales en matière de protection de la nature… Pourquoi ?

Quand l'Unesco demande à un État de déplacer des populations pour répondre aux critères du patrimoine mondial, des pays comme l'Éthiopie, la Sierra Leone, le Bénin ou le Rwanda n'ont pas beaucoup de marge de manœuvre. L'Unesco est une agence des Nations unies, et s'opposer à ses recommandations peut avoir des conséquences graves. Je l'ai vu pour le parc éthiopien du Simien. En 1995, l'Unesco avait demandé une première fois le déplacement des populations vivant dans ce secteur. Le gouvernement avait dit : « *Non, on n'expulsera pas ces gens qui nous ont aidés pendant la guerre* ». L'institution a donc demandé aux autres agences des Nations unies de réduire leurs aides. La FAO, la branche dédiée au soutien pour l'alimentation et l'agriculture, a suspendu ses opérations *Work for Food*. Le Pnud, l'antenne chargée du développement, a interrompu la construction de plusieurs routes. Pour être un bon élève au rang de la gouvernance mondiale, il faut se soumettre aux critères de ces agences.

Mais une fois qu'ils sont intégrés au sein de ces organisations, les États africains eux-mêmes les instrumentalisent pour bénéficier de financements et d'avantages. En Tanzanie

> « Pour sauver la planète d'une crise écologique bien réelle, on s'en prend à des gens qui ont un faible impact environnemental. »

Têtards de crapauds dans une petite mare de la réserve intégrale d'Arc-Châteauvillain.

et au Kenya, le tourisme dans les réserves représente 20 % du PIB. C'est énorme. Donc s'il faut expulser ou criminaliser les paysans pour booster l'économie, ils le font !

L'intérêt est aussi politique : où les parcs naturels sont-ils généralement créés ? Dans des territoires qui échappent au contrôle de l'État central, dans les zones des nomades, dans les maquis et aux frontières. Grâce à la création de ces réserves, les États plantent le drapeau national, souvent par le biais de la militarisation, dans des territoires qui échappent à leur pouvoir, sous couvert de protection de la nature. Ainsi, ils bénéficient de la reconnaissance internationale et, en faisant reconnaître leur légitimité par l'extérieur, ils peuvent mieux l'imposer à l'intérieur. C'est la raison pour laquelle il s'agit de dynamique postcoloniale et non néocoloniale, parce que le néocolonialisme sous-entendrait une passivité totale des dirigeants africains. Certes, ils n'ont pas choisi ce cadre culturel et institutionnel, mais ils savent l'utiliser pour leurs intérêts. C'est là qu'il y a alliance entre les experts occidentaux et les dirigeants africains : les uns visent le contrôle de la nature africaine pour la protéger, peu importe le prix humain à payer, les autres visent le pouvoir sur le territoire et sur le peuple. Entre les experts internationaux et les dirigeants nationaux, il est autant question de domination que de négociation.

Ces déplacements de populations participent à l'insécurité croissante dans certains pays. On le voit dans le parc de la Comoé, entre la Côte d'Ivoire et le Burkina Faso, ou dans le parc du W au Bénin : ces

zones sont vidées de leurs habitants, ce qui facilite l'avancée de groupes violents.

Non seulement les expulsions favorisent l'apparition d'étendues inhabitées qui deviennent plus facilement accessibles aux djihadistes actifs dans ces territoires, mais ces déplacements forcés empêchent également les populations d'assurer leur moyen de subsistance. On leur enlève leur lieu de vie, leurs ressources, mais aussi leur statut social. Vers qui se tournent les gens déclassés socialement ? Vers ces groupes qui leur disent : *« Nous sommes le rempart contre ces gouvernements et contre l'Occident qui vous appauvrissent. »* Cette violence concrète mais aussi symbolique nourrit des rancœurs et des révoltes.

Ces constats sont alarmants. Comment peut-on imaginer différemment la protection de l'environnement sur le continent africain ?

L'erreur originelle vient de la colonisation mais… c'est trop tard, il ne s'agit pas d'être dans la repentance, ça ne changerait rien. En revanche, il faut reconnaître ses erreurs. C'est moral, c'est vrai, mais il faut que les institutions internationales se fassent les chefs de file en admettant que *« oui, beaucoup de nos politiques sont fondées sur des données erronées, il faut corriger »*.

Pour faire mieux, il faudrait aussi mener des enquêtes localisées, fondées sur la science écologique. Grâce à la dendrochronologie *[mesure des cernes de croissance des arbres, ndlr]*

Crâne de chamois dans la réserve intégrale du Lauvitel, dans le parc national des Écrins dans les Alpes.

et la palynologie [*étude de la concentration de pollens dans les sols, ndlr*] – des techniques qui sont déjà utilisées ailleurs dans le monde, mais encore très peu sur le continent africain –, on pourrait mieux comprendre comment fonctionnent les écosystèmes, se rendre compte que les forêts des plateaux éthiopiens ne réagissent pas comme les basses terres du Sahel ou les forêts tropicales du Gabon. On a besoin de chiffres fiables et de vraies études scientifiques. Cela permettrait de se poser les bonnes questions : qui détruit quoi ? Où ? Et comment l'empêcher ? On découvrirait certainement ce que les écologues ont déjà constaté : ceux qui vivent dans la nature ne la détruisent que très rarement, sinon ils détruiraient leur moyen de subsistance. Contrairement à ce qu'affirment les conservationnistes venus d'Europe, dans la plupart des écosystèmes d'Afrique, les habitants ruraux n'ont pas détruit leur milieu. En 2000, en s'appuyant justement sur ce genre d'études localisées, deux anthropologues ont démontré qu'au XXᵉ siècle, en Guinée, en Côte d'Ivoire et au Togo, sur des terres où les experts internationaux (de la FAO et du Programme des Nations unies pour l'environnement) affirment que 60 % à 90 % des forêts primaires ont disparu, en réalité le couvert forestier a progressé. Il s'agit de prendre conscience de cette coévolution, pour comprendre que, dans certaines zones, la surexploitation doit être totalement proscrite mais que, dans d'autres, la présence des humains peut être neutre, voire bénéfique. Il est possible de respecter le mode de vie de ces populations, tout en posant un cadre adapté de conservation durable.

C'est un élément marquant de vos recherches : vous dites que, sur le patrimoine environnemental africain et la disparition des forêts ou de certaines espèces, les chiffres sont biaisés. Les politiques seraient donc fondées sur des informations erronées ?

Totalement. La plupart des données connues n'ont en fait aucune valeur scientifique. Prenons l'exemple de la couverture

> « Les expulsions font apparaître des étendues inhabitées, plus accessibles aux djihadistes actifs dans ces territoires. »

forestière éthiopienne. Selon Al Gore, l'ancien vice-président des États-Unis, elle serait passée de 40 % à 3 %. Ces estimations sont mentionnées dans son livre *Une vérité qui dérange*, pour lequel il a eu le prix Nobel de la paix en 2007. D'où viennent ces chiffres ? Ils sont issus d'un rapport de 1990, qui lui-même citait un rapport de 1987, qui citait un rapport de 1980… Jusqu'à ce qu'on remonte au point zéro.

Ce point zéro, c'est un document de 1961, d'un expert de l'UICN. Il s'est rendu en Éthiopie dans le cadre de ce que l'on a appelé *The African Special Project*. Il n'a passé qu'une semaine sur place pour évaluer le couvert forestier et s'est basé sur deux chiffres, très approximatifs, issus d'observations visuelles de personnes rencontrées sur place. Il les a légèrement exagérés et les a extrapolés au niveau national. Et ça fait soixante ans que ces chiffres, faux, sont répétés partout, sans être vérifiés ou questionnés.

> **Est-ce qu'on aurait l'idée de construire une grande muraille verte de la France à la Sibérie ? Ce n'est pas réaliste.**

C'est le cas aussi pour ceux présentés dans un rapport datant de 1939, *The Rape of the Earth* se focalisant sur une région de l'Afrique du Sud britannique, et de nombreux autres documents qui servent toujours de référence. Et cette pratique a encore cours aujourd'hui. On peut citer un exemple très récent : selon l'Unesco et l'UICN, 74 % des vertébrés auraient disparu de la planète. Sur le chiffre brut, elles n'ont pas tort, mais ces données concernent une étude menée sur seulement mille espèces *[sur un total d'environ 50 000, ndlr]*. Cette destruction n'en est pas moins dramatique, mais elle est généralisée sur la base d'un tout petit échantillon et présentée comme un problème global. Parce que la solution que ces institutions offrent est globale et qu'elles refusent de reconnaître que les réponses qu'elles proposent ne sont pas adaptées.

Les pays de l'Union africaine portent le projet de grande muraille verte pour le Sahel et le Sahara. Est-ce qu'on voit des signes notables que l'expérience fonctionne bien mieux ?

(Rires) Sur le papier, c'est un super projet, mais surtout un très bon exemple pour interroger l'histoire environnementale et comprendre où sont nos biais. Concrètement, cette initiative visait à verdir le désert en plantant des arbres en grande quantité, d'ouest en est du continent. Il faut bien avoir une représentation fantasmée de l'Afrique pour avoir cru ce projet possible ! On parle de 7 800 km de terres, qui traversent une quinzaine de pays, avec des rivalités et des enjeux de frontières. Est-ce qu'on aurait l'idée de faire une grande muraille verte de la France à la Sibérie ? Ce n'est pas réaliste. Ensuite, la seule chance pour que des arbres, plantés en énorme quantité, survivent dans un environnement désertique, c'est qu'ils puisent dans les nappes phréatiques, au risque d'assécher les rares sources d'eau primordiales à l'équilibre des écosystèmes semi-arides. C'est voué à l'échec. Et on le voit : seize ans après le lancement du projet, seulement 4 % des 100 millions d'hectares visés ont effectivement été restaurés. On va rétorquer que *« ce sont des Africains qui mettent en place cette initiative »*. Oui, car l'Union africaine, la Communauté des États sahélo-sahariens et les acteurs africains perpétuent aussi le mythe de l'Afrique édénique depuis les années 1960. C'est l'erreur qu'il faut éviter : sous prétexte qu'une idée ou une initiative serait conçue par des acteurs dits locaux, il ne pourrait pas y avoir d'injustices ou d'erreurs ? C'est ridicule de les idéaliser et de penser qu'ils ne peuvent pas imposer des projets déstructurants, polluants ou simplement inadaptés à leurs citoyens… C'est dur, c'est très pessimiste. Mais il y a une éclaircie.

Aujourd'hui, dans plusieurs pays d'Afrique de l'Ouest, les populations qui participaient à cette grande muraille verte ont pris conscience de son infaisabilité et l'abandonnent au profit d'initiatives plus sensées : du (re)boisement d'îlots à toute petite échelle grâce à l'agroforesterie *[une pratique associant écosystème sauvage et cultures raisonnées qui permet la création de microclimats favorables au reboisement, ndlr]*. L'enjeu désor-

La réserve intégrale du Lauvitel, créée en 1995 dans le parc national des Écrins dans les Alpes, est la plus ancienne.

mais pour ces gens et ces petites organisations, c'est de continuer à bénéficier des mêmes aides et financements, alors qu'ils ne respectent pas la feuille de route du vaste projet tel qu'il avait été conçu au départ. Mais il ne faut pas non plus survaloriser ces micro-initiatives, qui ne peuvent pas à elles seules répondre à la crise climatique. C'est une clé parmi d'autres, mais c'est loin d'être suffisant, vu l'ampleur de l'enjeu.

Il n'existe donc pas de démarches à grande échelle ayant un impact positif?

On me dit souvent que je suis hypercritique, alors qu'il y a quand même des choses qui marchent. Par exemple, en 2003, l'Unesco a reconnu la tendance ethnocentrée de son classement du patrimoine mondial. Pour rectifier le tir, l'institution internationale a voté la Convention pour la sauvegarde du patrimoine culturel immatériel afin de reconnaître l'existence de critères patrimoniaux différents et qui sortent un peu de la perception très eurocentrée de l'institution. Dans ce cadre, il y a de plus en plus de lieux classés *« paysages culturels »*. C'est l'intégration de l'homme dans son milieu qui est valorisée et la dimension locale de l'occupation des lieux. Certes, on peut pointer du doigt la folklorisation inévitable de certains territoires et cultures, mais cette nouvelle catégorie contribue au développement économique et social des endroits classés et de leurs populations. C'est une belle avancée. Mais je vous parle d'une catastrophe humaine et écologique, de centaines de milliers de personnes criminalisées au nom d'une idéologie de protection infondée et qui s'avère inefficace. Elles méritent un changement de politiques. Et nous aussi. L'écologie sera sociale ou ne sera pas.

Les fruits et la sueur

BONNES FEUILLES
Aux Beaux-Arts de Cergy, Valentin et Marin partageaient des soirées enfumées et l'envie de refaire le monde. Le premier est devenu maraîcher. Le second, écrivain, l'a rejoint l'été dernier pour les récoltes. Marin a brisé le crâne des courges, joué sa vie au canif sous la serre et en a tiré un récit en immersion, *À la terre,* dont nous vous offrons un chapitre.

Par Marin Fouqué

Entre nous deux, Naïm exulte. CAMION ! C'est que, depuis l'habitacle de la camionnette, on domine sacrément bien la route. CAMION ! Alors, à la moindre occasion, il pointe du doigt le lointain et s'écrie : CAMION ! Dans les yeux de Naïm, tout bel engin à quatre roues mérite l'appellation de camion.

Camion !

Par manque de temps, on a d'abord pris un *bo bun* sur la place du village, avant de rentrer à la maison, chiens et légumes ras du coffre. Rap à fond dans les enceintes, on a déchargé le tout dans le garage, Keny Arkana gueulant la rage, la rage, la rage, parce qu'on a la rage. On a fait les paniers, en surveillant bien le poids. Courges, patates, carottes, ail, tomates ; tout est passé sur la balance. Trop de poids, et c'est la récolte qui s'amenuise. Pas assez, et ce sont les clients qui râlent. Sans oublier cette histoire de calibre, pour les magasins. Alors on a dû tâter chaque produit, surveiller leurs formes et jeter une bonne partie à cause de leurs gueules. Pour chaque légume mis de côté, c'était une douleur au dos qui ne s'expliquait plus, une entaille aux mains qui perdait de son sens et des litres de sueur qui retournaient à la terre. Il y avait largement de quoi péter un câble. Valentin m'a calmé. Il m'a expliqué qu'on est tellement habitué à une certaine forme de produits qu'avec du trop naturel, on n'achète pas. Psychologique. Il est monté à l'étage faire les bons de commande et on est passés chercher Naïm à la crèche, pour enfin tailler la route.

Tracteur !

Cette fois-ci il a vu juste, et de loin : à trois cents mètres s'alignent des tracteurs. Quand Valentin ralentit, pour plus d'extase, les billes rondes de Naïm se dilatent davantage. Bonheur. Une fois les engins dépassés, on reprend notre allure vers l'Amap de Digne. Valentin y va une fois par semaine, c'est pas vraiment la porte à côté, mais ça reste une valeur sûre, des militants convaincus, un revenu fixe par mois, et surtout, c'est là que tout a commencé. Valentin me raconte.

Camion !

À la base, c'est son père qui avait toutes ces convictions, ces convictions écologiques. Valentin a baigné dedans, c'est sûr, mais c'étaient que des idées, de belles idées que son père défendait dans la rue, quand il n'était pas assis derrière un bureau, au standard d'une grande école. C'est marrant les idées des vieux, ça t'imbibe toute l'enfance, tu les fais tiennes pour mieux pousser, mais ça s'assèche peu à peu, passé le cap de l'adolescence. Pour Valentin qui aimait autant le dessin que les animaux, elles sont restées dans ses tableaux, et c'est d'ailleurs comme ça qu'il est entré aux Beaux-Arts d'Aix, puis de Cergy en équivalence. Une fois le diplôme en poche, il est redescendu sur Marseille, dans un atelier au milieu d'une zone industrielle avec vue sur la mer. Le jour, il peignait les gabians. Le soir, il travaillait au Vélodrome. Stadier, c'était pas mal. Loin du monde de l'art et de ses faux sourires, il s'était même demandé s'il n'allait pas continuer là-dedans. Et puis il y a eu comme un souffle, ce genre de déflagrations qui te font tout revoir. Alors Valentin est entré dans le feu, d'un coup, assumant de son corps toutes ses convictions.

Camion !

C'est comme ça qu'il s'est retrouvé à Gardanne Valabre, pour la formation en maraîchage bio. Sur les quinze élèves, on pouvait compter un paquet d'utopistes, pas mal d'idéalistes, une poignée de rêveurs et quelques gosses d'agriculteurs voulant prendre le virage du siècle. Pendant neuf mois, à force de cours théoriques et d'exercices pratiques, ils ont emmagasiné dans leurs crânes et dans leurs corps tout le nécessaire pour sortir quelque chose de terre. À la fin, ils ont dû rendre un dossier de 45 pages expliquant en détail leur projet. Deux d'entre eux se sont vu attribuer une parcelle-test. Valentin a eu Carmejane, un terrain d'un hectare et demi près de Digne, sur lequel il a galéré pendant deux ans. Il y a sorti ses premiers légumes, trouvé ses premiers clients, ceux de l'Amap. À six cents mètres de là travaillait une jeune bergère nommée Islemme. Le reste leur appartient, c'est leur petit grain de beauté.

Avion ! Avion !

Dans le ciel s'étirent des traces blanches. En redescendant les yeux vers la route, je tombe sur les Pénitents des Mées, un alignement de falaises penchées sur nous en une menace, comme une foule capuchée dans la pierre. Ici, le moteur ronfle et la route serpente pour mieux enjamber la Bléone, quasiment à sec. Et encore, c'est bien rempli par rapport à cet été, t'aurais dû voir, si ça continue comme ça il n'y aura plus d'eau pour la Durance, donc plus d'eau pour Marseille. Un million de personnes sans eau, ça fait quoi ? Je visualise un combat de gabians sur un Vieux-Port irradié de chaleur. Arrivés à Digne, on s'arrête d'abord dans une ZAC, là où se trouvent les magasins bio, et puis on repart vers l'Amap.

Carottes ! Tomates ! Patates !

La petite voix frappe le béton, percutant les parois en ressac d'échos. Des quarantenaires, des cinquantenaires, des soixantenaires, professeurs ou retraités, administrateurs ou banquiers, militants ou bons vivants, de classe moyenne ou supérieure arrivent à pied, en voiture, à vélo, ils portent les caisses, les disposent sur des tables, sortent les légumes, les complimentent de leurs formes, et tous s'émerveillent de la taille de Naïm,

Ce texte est à écouter dans XXI, Le Podcast, rubrique La lecture.

pas vu depuis des mois et ça jacte et jubile et ça gronde et fourmille et ça discute des récoltes, des familles, des saisons, des famines et ça passe de table en table pour remplir son panier, et ça tourne dans mon crâne en machine à laver. Sueur. Vertige. Dans sa petite pogne, Naïm saisit mon annulaire pour me tirer au dehors. Lumière du soir, les murs orangés des bâtiments se fondent lentement à l'ocre de la roche.

Tonton ! Tonton ! Tonton !

Ces deux syllabes me réchauffent le cœur quand la brise me recolore les joues. Pas le temps pour les sentiments, Naïm a l'allure franche et décidée des découvreurs de monde. Nous avançons dans la petite cité. Coincée entre deux monts, elle a été construite à l'écart de la ville, dans les années 1970, époque à laquelle elle semble bloquée. On aperçoit même des petits panneaux de bois indiquant les jardins partagés, la laverie commune, l'étendoir collectif, la salle des associations et le terrain de jeux pour tous. Valentin m'a dit que, pour les gens du coin, c'est un coupe-gorge. Pour mes yeux de là-bas, c'est le paradis. D'un coup, Naïm tire sur mon bras. Il veut faire l'avion.

Chaaaaaaaaaaaaat !

Depuis ses hauteurs, il a vu l'animal. Je n'avais jamais entendu ce mot dans sa bouche, mais puisqu'une fois nommée une chose existe, tant pis pour moi : il faut suivre le chat. En reposant Naïm au sol, je ressens une drôle de douleur, du côté des hanches. Au loin, Valentin discute avec les Amapiens. Il leur propose des idées de recettes adaptées aux paniers, leur parle du week-end prochain où ils pourront venir voir la parcelle et leur donne des nouvelles d'Islemme, en train de descendre la montagne. Avec sa gueule de soleil, je me demande comment il fait, pour rester si sociable. Les quelques mots que j'échange avec Naïm me suffisent amplement. Après avoir perdu le chat, on s'assoit sur le trottoir pour regarder passer les voitures.

Loulou ?

Il a fallu refaire tout le chemin en sens inverse : celui pris par le chat, celui de l'avion, celui entre les immeubles et jusqu'à la petite salle où les cageots de légumes sont maintenant vides. Pas de Loulou. J'ai tenté d'apaiser Naïm en lui disant que Loulou avait dû partir en balade, il en a bien le droit, on est encore dans un pays libre. J'ai même utilisé mes quelques mots d'espagnol, mais ça plus la fatigue, je n'en menais pas large. Une fois adulte, on n'a plus idée de ce que ça fait, de perdre son Loulou et d'attendre qu'il revienne alors que Papa et Tonton ont déjà rechargé les caisses, salué les Amapiens et repris la route, pour enfin le retrouver, adossé à la cloison de la camionnette. Non, on n'a pas idée, mais ça crève.

Camion.

Quatre billes rondes peinent à rester ouvertes. Son petit loup dans les bras, Naïm dodeline de la tête sur le chemin du retour. De mon côté, j'ai un chimpanzé qui me grignote la nuque, me tabasse les épaules et enfonce ses pattes arrière de part et d'autre de ma colonne vertébrale. Valentin, increvable, continue de parler. Là où je vois des couleurs à perte de vue, il voit des noms, des techniques, des moments précis de la saison. À mesure qu'il promène son regard sur les champs alentour, il me cite chaque propriétaire, m'explique leurs productions, qui en conventionnel, qui en bio, qui en conversion de l'un vers l'autre. Conventionnel, ça veut dire monoculture, ça veut dire sans respect pour la terre. Au début, il avait la rage contre ces agriculteurs-là qui n'avaient qu'à balancer leurs saletés avec leurs lourdes machines pour attendre que ça pousse. Et puis, qu'on le veuille ou non, on partage les mêmes sols, donc on a des choses à s'apprendre. Et dans le fond, ils ont aussi leur lot de misères, pris dans le même étau, entre la terre et le temps. Surtout avec tout le gasoil qu'ils consomment, les prêts à rembourser, les chiffres à faire, les engins à entretenir. Plus ton exploitation est grosse, et plus t'as d'emmerdes. C'est mathématique. Bien sûr que son exploitation à lui est plus durable, bien sûr qu'il épuise moins la terre, mais ce ne sont pas ses deux hectares de maraîchage et ses trois machines qui pourront nourrir tout le monde. Il me parle des paysans qui sont revenus de la guerre avec des tanks plein la tête. Ça vient certainement de là, les tracteurs.

La revue *XXI* a lancé XXI Bis, sa collection de livres : un long reportage, vendu à l'unité (voir page 175).
Le 31 mai 2023 est paru *À la terre*. Romancier, poète, performeur, Marin Fouqué est l'auteur de *77* (éd. Actes Sud, 2019), un premier roman largement reconnu par la critique. En 2021, il publie chez le même éditeur *G. A. V.*, récompensé de nombreux prix – dont le prix Alain-Spiess du deuxième roman. *À la terre*, son premier récit en immersion, court comme un poème sous la terre, une urgence à revenir au corps.

C'était le départ de la grande course, la course au rendement, donc le début de la fin, parce que qui dit tracteur dit argent, qui dit argent dit emprunt, et qui dit emprunt dit banque, mais si l'argent est une fiction et que les banques jouent avec l'argent, la terre, elle, ne joue avec rien : elle est bien trop réelle. Alors les saisons, les récoltes et jachères ne colleront jamais à leurs courbes. Et il enchaîne sur Giono, la *Lettre aux paysans*, c'est une femme de la formation qui le lui avait conseillé. Un sacré choc. Il essaiera de me le retrouver, il doit avoir le bouquin quelque part. Et puis le bio, dans le fond, c'est qu'une certification. En plus, c'est une telle paperasse pour l'obtenir que beaucoup ne la demandent même pas. D'abord, il faut payer 600 euros par an pour que les certificateurs passent. C'est un vrai business entre boîtes concurrentes. Il y a bien sûr les aides de la PAC mais là aussi, c'est pour les gros : il faut avoir un secrétariat à plein temps pour s'occuper de ça.

Et encore, si on y comprend quelque chose. Est-ce qu'il est fatigué ? Non, pas tant que ça. C'est une bonne journée, la journée des distributions. C'est le moment où on livre, c'est le fruit du travail, ça redonne un peu de force. Son seul regret, c'est qu'aucun habitant de la cité ne fasse partie de l'Amap. La seule fois où il y a eu interaction, c'était un type bourré, hurlant qu'il allait foutre tout le monde dehors, qu'ils n'étaient pas chez eux ici, les bourgeois, ils allaient voir qui était le patron. Il a été sorti par des voisins, tout le monde s'est excusé platement, et la semaine d'après il y avait une estafette de flics pour la distribution. Non, vraiment, il faudrait trouver un moyen pour que les habitants en profitent, mais baisser les prix le mettrait à perte, et sensibiliser prendrait encore du temps, le seul truc qu'il n'a pas.

Cam...

Menton enfoncé dans le plexus, Naïm a lâché l'affaire. Contre son petit torse, il tient mollement Loulou, dernier témoin du spectacle des camions. Au loin s'annonce Volx, avec la découpe de la Roche Amère, là où cet été il y a eu un incendie. Un type qui faisait de la scieuse dans son champ, des étincelles sur du foin, une flammèche sur l'herbe, des colonnes rouges qui montent à quarante mètres et un nuage âcre avalant la vallée. Deux cent vingt hectares sont partis comme ça, d'un coup. Une odeur de mort accrochait les naseaux, de celles qui affolent les bêtes, font perler les cils, assombrissent les pupilles et ternissent les soleils.

COUVERTURE

Amandine Urruty

Très enthousiaste à l'idée de travailler sur *Le fantôme du Quai Branly*, je me suis rendue dès le lendemain de la commande au musée afin de me confronter à l'un des fétiches décrits dans l'article. En errant dans les allées, tendant l'oreille au milieu des groupes, j'ai pu constater avec amusement la réalité d'un sentiment partagé par une bonne partie des visiteurs : une fascination teintée d'inquiétude. C'est ce que j'ai voulu retranscrire dans mon illustration.

Nombres et lumières

Clotilde de Gastines

Pour moi qui travaille d'habitude sur des sujets graves pour *Mediapart* et la presse spécialisée, raconter le tournage du *Théorème de Marguerite* à travers les yeux d'Ariane Mézard était une « petite gourmandise ». Je garde une impression très forte de nos rencontres, de son regard très vif sur le réel et son côté un peu décalé à la *Lost in Translation*.

Antony Huchette

J'étais parti sur des illustrations d'ambiance, puis j'ai basculé vers cet esprit rébus, et fait le parallèle entre l'abstraction des maths et le vocabulaire graphique. Dessiner, c'est résoudre des équations visuelles, en se passant des mots.

Le fantôme du Quai Branly

Pierre Carrey

Le Quai Branly est mon musée parisien préféré. Hélas pour les œuvres exposées, les explications privilégient les questions de style et de forme. Pas la fonction, ni le sens ou l'histoire des objets. Les livres spécialisés sont peu loquaces. J'ai fini par découvrir que ces pièces sont hantées : supposément par des esprits (qui en disent beaucoup sur des sociétés et cultures) et par un passé colonial qui ne passe toujours pas.

Olivier Bonhomme

Le champ graphique lié aux arts premiers est très inspirant, vecteur de plein d'images. En collant au sujet de Pierre Carrey, qui évoque beaucoup de spéculations, j'ai voulu prendre au sérieux ces images tout en y ajoutant un brin d'onirisme, à la frontière entre science et imagination. Le choix des couleurs est une référence à l'aspect de la terre en Afrique de l'Ouest. J'ai voulu travailler l'élément terre et la lumière.

Les trous de la fortune

Killian Cogan

En m'intéressant à la thématique des chasseurs de trésors en Turquie, je m'attendais à rencontrer de simples pilleurs. Or, en creusant, j'ai découvert un vaste système de croyances autour desdits trésors et de leurs propriétaires, imaginés ou réels. Il n'a pas été aisé d'expliciter cet univers, complexe et singulier.

Marie Guillard

J'ai découvert l'existence des pilleurs avec ce texte. J'ai voulu insister sur la double vie des hommes dont il est question dans l'article, en insistant sur le contraste jour/nuit. La scène d'ouverture m'a beaucoup marquée et aidée à trouver ce fil.

PORTFOLIO
La plume reprend du poids

Rip Hopkins

Je ne savais pas par quel bout prendre les plumes, sur lesquelles je n'avais pas d'a priori. Ce travail a commencé par un projet d'exposition sur un plumassier, et a évolué au contact du père d'un ami, qui m'a parlé des chapeaux en plumes du Gille de Binche. Le lendemain en Belgique, aux établis de Karl Kersten, louageur de la ville de Binche, le monde des plumes, au-delà des seuls plumassiers, m'a mordu.

Les grands horlogers

Catherine de Coppet

Raconter les lieux m'a toujours plu. M'arrêter sur un pan méconnu de l'histoire de Paris grâce à cette horloge et à ses bienfaiteurs a été un enchantement.

Laurent Bourlaud

J'ai découvert une horloge devant laquelle j'ai dû passer sans la connaître, un automate incroyablement beau ! Le récit, léger, laisse la part à l'imagination : on se raconte des histoires, on suit ces personnalités fortes. L'horloge et ses personnages sont des éléments visuels puissants, que j'ai suivis pour l'illustration.

LA VOIX EST LIBRE
« J'ai appris que la malice humaine n'avait aucune limite »

Ramsès Kefi

Parfois, au détour d'un coup de fil, un interlocuteur vous glisse une intuition avant de raccrocher. C'est ce qui s'est passé avec Souleiman. Un entrepreneur m'a glissé son prénom : *« Je connais un agent de sécurité, qui n'est vraiment pas comme les autres. »* Ça chatouille la curiosité, non ? Et ça finit dans *XXI*.

Simón Prades

Le contraste entre le travail parfois très dur et même inhumain de Souleiman, et son amour pour la littérature m'a touché. C'est peut-être en partie grâce à la lecture qu'il semble ne pas perdre foi en la bonté de l'être humain et qu'il réagit avec patience et calme, malgré l'hostilité et des circonstances difficiles. Parfois, je pense que les histoires sont surtout là pour nous rappeler que, derrière les façades, nous sommes tous semblables et nous partageons les mêmes rêves, peurs et espoirs.

Djihadistes, leurs enfants après eux

Florent Vergnes

Alors que je travaillais en Irak pour l'AFP, une amie chercheuse m'a parlé des enfants sans identité. J'ai senti que ce serait une porte d'entrée pour la sphère très hermétique de Daech. Y plonger a été l'occasion de faire ce que j'aime : mettre en lumière les nuances d'un monde manichéen, et raconter l'histoire par les yeux des humains qui en sont fatalement prisonniers.

Arnaud Nebbache

J'ai essayé de faire passer l'idée de contraste entre l'intérieur et l'extérieur, de montrer l'enfermement grâce à des détails (le broc d'eau, les barreaux, les persiennes), sans l'expliciter. L'image du cocon a été très présente aussi pour moi. Comme dans le récit, j'ai fait ressortir quelques éléments qui tranchent – le clip de musique, ou le père qui répare les voitures.

En vert et contre tous

François Musseau

Je vis depuis vingt-trois ans en Espagne et j'assiste avec inquiétude à la désertification accélérée du sud du pays. C'était important pour moi de raconter un exemple significatif de résistance à ce phénomène. Sur place, j'ai été impressionné par l'étendue des dégâts liée à l'agriculture intensive et au siphonnage des nappes phréatiques dont elle est responsable sans le reconnaître.

Manfredi Ciminale

Pour cet article, je me suis « baladé » sur Google Maps pour saisir l'atmosphère de ces territoires magnifiques et désolés. J'ai enlevé toute présence humaine, en ne laissant que des traces, pour laisser la place à une contemplation franche des espaces.

BANDE DESSINÉE
Ça bourdonne au Palais

Kokopello

Auteur de bande dessinée, j'ai écrit *Palais-Bourbon, Les coulisses de l'Assemblée nationale* en 2021, puis j'ai suivi en dessins la course à l'Élysée (*Carnets de campagne*, éd. Dargaud/Le Seuil, 2022). Le Palais-Bourbon est l'un de mes terrains de jeux favoris pour la caricature et le dessin. Après mon premier album, j'ai voulu aller plus loin dans l'exploration de l'Assemblée.

RENCONTRE
« Au nom de l'écologie, les experts occidentaux décident »

Jenna Le Bras

Journaliste à l'étranger depuis dix ans, je suis aussi, sur mon temps libre, soigneuse bénévole de chimpanzés. Des sanctuaires de la Côte d'Ivoire à ceux de la Sierra Leone, j'ai été formée à m'occuper de ces animaux menacés de disparition, mais j'ai aussi découvert les rouages de la lutte pour la protection de l'environnement en Afrique. Et soudain, j'ai eu un doute. Je pense bien faire mais… et si j'avais tout faux ? J'ai voulu comprendre. J'ai appelé Guillaume Blanc.

Olivier Dangla

Guillaume Blanc m'a passionné, j'ai beaucoup appris ! Son discours est un caillou dans la chaussure : il déconstruit notre regard sur l'Afrique, et la vision qu'on peut avoir de l'enseignant-chercheur. Son visage est jeune et marqué en même temps, on sent qu'il a vu du pays pour ses recherches. Je me suis nourri de ses interventions en ligne en travaillant sur ce portrait.

Depuis février dernier, *XXI* s'écoute! Retrouvez au fil des semaines une poignée d'aventures sonores en accès libre, concoctées en association avec le studio wave.audio. Sous la houlette de la rédaction, et au micro de Pascale Clark, embarquez pour un vibrant voyage au cœur des meilleures histoires vraies.

À découvrir d'ores et déjà en ligne:

Les coulisses d'un récit de *XXI* par son auteur. Comme chaque trimestre, plongez dans l'histoire d'un reportage publié dans nos pages. Florent Vergnes, auteur de « Djihadistes, leurs enfants après eux » (p. 106), raconte le contexte dans lequel il a effectué ce travail.

Témoignage. Grâce à l'article qu'elle a publié en 2014 dans *XXI*, Doan Bui a appris qu'elle avait un demi-frère, resté jusqu'alors caché dans les plis de l'histoire familiale. C'est ce qu'elle raconte dans nos pages Courrier des contributeurs (p. 8), à l'occasion des 15 ans de la revue. Pour XXI, Le Podcast, la journaliste et écrivaine s'est confiée à Pascale Clark.

La lecture. Chaque trimestre, XXI, Le Podcast vous propose une immersion sonore dans l'un de ces textes. Retrouvez «Les fruits et la sueur», extrait du livre de Marin Fouqué publié chez XXI Bis (p. 168), raconté et mis en ondes. Parmi les autres rubriques à venir, **La Série originale,** un documentaire long format inédit à savourer en feuilleton chaque trimestre.

Tous ces podcasts sont à retrouver au fil des semaines sur votre plate-forme de streaming préférée ou sur la page revue21.fr/podcast, accessible en flashant le QR code ci-dessous.

Soutenez *XXI* !

Amis lecteurs, vous avez désormais la possibilité de faire un don – défiscalisé – pour soutenir notre revue. Rendez-vous sur www.revue21.fr ou en flashant le QR code ci-dessous.

XXI à Couthures

La revue sera présente au Festival international de journalisme à Couthures-sur-Garonne (47) les 14, 15 et 16 juillet prochains. Elsa Fayner, rédactrice en chef, et Élodie Ratsimbazafy, cheffe d'édition, y animeront masterclasses et ateliers.

Rencontrez les auteurs de XXI Bis !

Aurélie Champagne, autrice de *La part du chien*, sera à la librairie du Pincerais à Poissy (78) le 30 juin. Marin Fouqué, auteur de *À la terre*, sera à la librairie du Canal (Paris) le 28 juin. Suivez-nous sur nos réseaux pour être informés des autres dates à venir.

157, boulevard Macdonald, 75019 Paris
01 87 58 00 30 – contact@4revues.fr
www.revue21.fr

Directeur de la publication et de la rédaction
David Servenay

Rédactrice en chef
Elsa Fayner

Rédactrice en chef adjointe
Catherine de Coppet

Rédacteurs
Ramsès Kefi, Rémi Bayol, Léone Laali

Directeur artistique
Quintin Leeds

Graphiste
Éléonore Nicolas

Directrice de la photo
Martina Bacigalupo

Cheffe d'édition
Élodie Ratsimbazafy

Correctrice
Éléonore Siboni

Illustration de couverture
Amandine Urruty

Cartographie
Alexandre Nicolas

Photogravure
Apex Graphic

Marketing
Anaïs Benguigui

Communication numérique
Sonia Reveyaz

Secrétaire général
Jean-Philippe Salmon

Responsable administrative
Murielle Canta

Coordination commerciale
Marie Le Flahec

Service des abonnements:
XXI / TBS, 6 rue d'Ouessant, CS 38272, 35708 Saint-Grégoire cedex
01 76 44 02 42 – abo@revue21.fr
Formulaire téléchargeable sur www.revue21.fr
Édité par Quatre SAS, siège social:
157, boulevard Macdonald 75019 Paris
Président: David Servenay
Directeur général: Sylvain Ricard
Actionnaires: F&S, Sylvain Ricard, Franck Bourgeron, les éditions du Seuil, Pierre-Yves Frelaux, Amélie Mougey, Pierre Raiman
Impression et façonnage:
Imprimerie Pollina – Zi de Chasnais –
85407 Luçon Cedex France

 Papier 100 % PEFC
Provenance: Allemagne
Taux de fibres recyclées: 0 %
Impact sur l'eau: Ptot 0.048 kg/t

Commission paritaire: 0720 D 89299
ISSN 1960-8853 – ISBN 978-23-56381-74-3
Dépôt légal: juin 2023

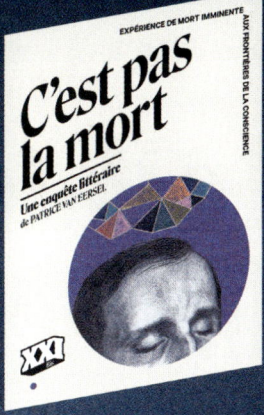

Dans le cadre d'un programme expérimental de l'armée, un militaire et un chien s'apprivoisent. L'un est rentré d'un terrain d'opérations en état de stress post-traumatique, l'autre attend propriétaire à la SPA de Carcassonne.

À 13 ans, Aboubakar a été tué. Dans cette banlieue qui voit les drames défiler, on croise de jeunes cadres parisiens, des petites mains du Covid, une école et un commissariat délabrés. A-t-on tiré les leçons de 2005 ?

Leur cœur s'est arrêté. Ils se sont sentis partir, et puis ils sont revenus, débarrassés de leur peur de mourir. Et si la conscience ne se réduisait pas à la matière ? Une enquête scientifique et bien vivante sur les expériences de mort imminente.

Chemin de la Poudrette, à Montauban, Valérie s'est fait dévorer l'épaule. Les moustiques sont voraces cette année. Adieu terrasse, jardin, piscine. Tout un mode de vie s'envole.

La collection XXI Bis s'enrichit

Depuis le printemps, *XXI* propose en librairies sa collection de reportages et enquêtes à lire comme des romans : XXI Bis. Des récits sur le monde qui advient, à mettre dans la poche. Le cinquième titre de la collection, signé de l'écrivain Marin Fouqué, vient de paraître.

Retrouvez nos livres et notre revue chez votre libraire ou sur notre site
boutique.4revues.fr

Valentin et Marin se sont connus aux Beaux-Arts de Cergy. Depuis, le premier a lâché la peinture pour le maraîchage bio dans la Drôme, le second est devenu écrivain. *À la terre* raconte un été de récolte, à se battre avec les courgettes, et contre la sécheresse.

HORS-D'ŒUVRE

Le gâteau qui déliait les langues

TOUS LES TROIS MOIS, *XXI* PASSE EN CUISINE, AVEC UNE AUTRICE OU UN AUTEUR QUI ÉVOQUE UN PLAT AU CŒUR DE SON ŒUVRE. ICI, ZAZIE TAVITIAN PARTAGE LE GÂTEAU AU CHOCOLAT DE SON ARRIÈRE-ARRIÈRE-GRAND-MÈRE, DÉCRIT DANS *À LA RECHERCHE DE JEANNE*, ROMAN GRAPHIQUE PARU EN 2022.

Ingrédients :
6 œufs
90 g de beurre
200 g de sucre (la moitié suffit, selon Zazie)
200 g de chocolat noir
90 g de fécule

« Faire cuire le chocolat dans un peu d'eau.

Pendant qu'il est encore chaud, mettre le beurre et remuer jusqu'à ce qu'il soit fondu.

Laisser refroidir, puis ajouter les jaunes d'œufs, le sucre, la fécule. Bien travailler.

Battre les blancs en neige, mélanger à l'appareil et mettre au four à feu doux* 20 à 30 minutes. »

*180 degrés, conseille Zazie

C'est un gâteau qu'elle ne cuisine que « pour les occasions », « le cercle intime ou des gens à qui je sais que ça fera plaisir de le goûter ». Pour Zazie Tavitian, la cuisine a toujours été une affaire sérieuse, au cœur de sa vie. « J'ai été éduquée à me resservir. Beaucoup manger, bien manger, c'était valorisé à la maison. » La chroniqueuse culinaire, qui a réalisé le podcast Casseroles (250 000 écoutes cumulées sur tous les épisodes), en a raconté, des histoires de recettes. Mais celle de ce gâteau n'a pas la même saveur que les autres. Elle symbolise la quête qui a été la sienne pendant plusieurs mois : « redonner vie » à Jeanne Weil, son arrière-arrière-grand-mère, déportée et assassinée comme juive au camp de Sobibor en 1943. « Dans la famille, Jeanne n'était définie que par sa mort, j'ai voulu montrer un peu de sa vie », explique la journaliste trentenaire, attablée devant un café. À la recherche de Jeanne, son roman graphique adapté du podcast du même nom, raconte ce cheminement, grâce aux dessins de Caroline Péron.

Résultat d'une combinaison assez classique œufs-sucre-fécule-beurre-chocolat, ce dessert a été, comme d'autres plats, l'un des points de départ de l'enquête de Zazie. « Je ne savais rien de Jeanne, à part qu'elle appartenait à la bourgeoisie et qu'elle avait été déportée. Ma famille était silencieuse à son sujet. » En 2019, c'est une cousine de son âge, installée en Israël, cheffe de profession et arrière-petite-fille de Jeanne, qui l'a mise sur la piste en lui confiant un document précieux : le livre de cuisine de leur aïeule, transmis par sa mère. Un cahier répertoriant 200 recettes, écrites à la plume, et reflétant toute une époque : « *Tenir un tel cahier faisait partie des habitudes de toute ménagère qui se respectait ! Les plats qu'on y trouve sont très datés, avec beaucoup de beurre, de crème, de sucre… Il y en a 200 grammes dans ce gâteau. On ne mange plus de cette façon-là !* », sourit Zazie.

Zazie se saisit du cahier de Jeanne comme d'un « *cheval de Troie* » pour aller à la pêche aux informations dans sa famille. Elle demande à chaque personne qui accepte de la rencontrer de choisir une recette du recueil, et lui propose de la réaliser ensemble. « *C'est ainsi que j'ai mené mes interviews, c'était moins intimidant. Quand on cuisine, on oublie qu'on est en train de se livrer !* » Avec Marichou, la mère de sa cousine israélienne et petite-fille de Jeanne, les confidences s'échangeront en confectionnant les gnocchis suisses ; avec Nadine, sœur de Marichou, ce sera la charlotte aux pommes ; avec Dominique, cousine des deux sœurs, les artichauts à la bohémienne. Au gré des rencontres et des repas, la journaliste compile les pièces du puzzle : Jeanne tricotait, adorait faire du piano, elle vivait dans un appartement cossu du 16ᵉ arrondissement à Paris ; elle tenait un journal intime où elle décrivait par le menu les progrès de ses trois fils ; échangeait des lettres avec son mari parti au front pendant la Première Guerre mondiale. De lettres en objets, l'enquête de Zazie arrive à l'incroyable histoire de l'arrestation de Jeanne, corollaire de celle de sa belle-fille, livrée aux Allemands.

Le gâteau au chocolat mène enfin Zazie jusqu'à Catherine, petite sœur de son grand-père. Celle-ci n'a que peu de souvenirs de Jeanne, sa grand-mère, mais se rappelle bien son enfance dans la guerre, cachée dans un village cévenol. L'occasion d'un échange sur les silences familiaux, la difficulté de transmettre, l'appartenance juive. « *Avec ce livre, je voulais aller à l'encontre de certains clichés, montrer comment les familles juives vivaient en France à cette époque.* » Dans le cahier de Jeanne, on trouve ici ou là des recettes traditionnelles, comme un gâteau de pâte « *qui semble s'inspirer d'une recette ashkénaze* », et le « *gefilte fish* », la célèbre carpe farcie. « *Je suis d'une génération qui a envie de retenir autre chose de son origine juive que le traumatisme de la Shoah* », avance Zazie, qui ne se considère pas comme juive – « *mes parents étaient hyper laïcs, je rêvais d'avoir une religion quand j'étais petite.* »

Zazie aime cuisiner, mais n'a pas la mémoire des recettes. « *Je suis obligée d'ouvrir mon livre quand je fais le gâteau au chocolat de Jeanne. C'est la seule que je fais régulièrement* », confie-t-elle. Une façon, à chaque fois, de convoquer son ancêtre. « *Manger, c'est faire ce lien entre les vivants et les morts, rechercher un goût qu'on ne retrouvera jamais complètement.* »

CATHERINE DE COPPET

© CAROLINE PÉRON

VIEILLES BRANCHES

« Interdiction de l'abattre, sous peine d'amende »

UNE FEMME, UN ARBRE. MARIE-CLAUDE N'AIME PAS SE METTRE EN AVANT, MAIS IL NE FAUT PAS LA BOUSCULER BEAUCOUP POUR QU'ELLE RACONTE L'HISTOIRE DE « PLATANE », CET ARBRE QUI L'IMPRESSIONNE DEPUIS QUARANTE ANS. ELLE L'A MÊME COUCHÉ SUR SON TESTAMENT.

En 1983, mes parents, qui habitaient déjà la région, cherchaient à déménager. C'était l'hiver, il neigeait, ma mère et moi nous sommes retrouvées dans ce village de Meurthe-et-Moselle avec l'agent immobilier, face à une maison impressionnante. Derrière, un terrain herbeux de 5 000 mètres carrés, dominé par un platane monumental. Nous avons dû revenir aux beaux jours avant l'installation, car je revois l'arbre couvert de feuilles, et moi en dessous. Il était immense, infini, c'était comme s'il y avait la mer ! Je n'en avais jamais vu des comme ça, on se demandait ce qu'il faisait là. J'ai pourtant grandi à la campagne.

Depuis la mort de ma mère il y a presque vingt ans, je vis ici, dans cette maison. Il y a quelques années, on sonne à ma porte. Encore un casse-pied ! Il y a tellement de démarchage pour une taille par-ci, un démoussage de toit par-là. Le tout jeune homme qui se présente devant moi se dit élagueur, m'explique qu'il est tombé en admiration devant mon platane, et me demande la permission d'y grimper. Le voisinage m'avait rapporté qu'un jeune tournait régulièrement au bout de mon jardin. J'ai accepté à deux conditions : qu'il me prouve qu'il était assuré, et qu'il défende le platane avec moi.

Défendre, c'est bien le mot. « *On en fera de beaux stères de bois !* », ai-je souvent entendu dire à propos du platane. Avec un autre arbre, je n'aurais pas fait tant d'histoires. J'aime bien la nature, mais les espèces végétales ne me passionnent pas. Or celui-ci a environ 250 ans, il est encore debout, il mérite le respect ! Pour moi, il est comme un animal, un chat. Je me suis dit : « *Si je peux l'aider, je le ferai.* »

Rémi, le jeune élagueur, est revenu avec ses diplômes, son attestation d'assurance… et une solution : il connaissait un notaire qui était prêt à inscrire la protection de « Platane » – je l'appelle comme ça depuis – sur mon testament. Il avait tenu sa promesse, j'ai donc tenu parole. Rémi, harnaché comme un alpiniste, a passé la journée dans la canopée – on aurait dit *Le Baron perché* d'Italo Calvino. Une telle passion des arbres m'a inspiré confiance, et j'ai sauté le pas. J'ai 74 ans, je n'ai ni frère, ni sœur, ni enfant. Mais dorénavant, la personne qui héritera de ma maison aura interdiction d'abattre Platane, sous peine d'amende, c'est écrit noir sur blanc. J'ai beaucoup correspondu par la suite avec Me Benoît Hartenstein, on est assez fiers de ce qu'on a accompli, car cette clause testamentaire est une première en France ! Cet arbre est plein de vie. Beaucoup d'oiseaux viennent nicher dans ses branches, et j'y aperçois souvent des écureuils. Il n'abrite pas moins de quatre ruches et une cache de chouette, m'a dit Rémi, qui m'aide désormais à l'entretenir. Entouré de haies, il fait bon ménage avec le lierre qui s'agrippe à son tronc : ça le protège de la sécheresse, paraît-il. Après l'écriture de mon testament, je me suis sentie libérée : Platane, lui, pourra s'en sortir !

PROPOS RECUEILLIS PAR CATHERINE DE COPPET
ILLUSTRATION LÉA TAILLEFERT